北京师范大学实验幼儿园
早期教育课程方案·托育课程

下册

北京师范大学实验幼儿园 ◎ 主编

北京师范大学出版集团
BEIJING NORMAL UNIVERSITY PUBLISHING GROUP
北京师范大学出版社

图书在版编目（CIP）数据

北京师范大学实验幼儿园早期教育课程方案. 托育课程. 下册/北京师范大学实验幼儿园主编. —北京：北京师范大学出版社，2022.7（2025.9重印）
（0—3岁托育课程资源）
ISBN 978-7-303-27448-2

Ⅰ. ①北… Ⅱ. ①北… Ⅲ. ①学前教育－教学参考资料 Ⅳ. ①G613

中国版本图书馆CIP数据核字（2021）第244396号

营 销 中 心 电 话：010-58802383　58802814

BEIJINGSHIFANDAXUE SHIYAN YOU'ERYUAN ZAOQI-
JIAOYU KECHENGFANG'AN TUOYUKECHENG XIACE

出版发行：北京师范大学出版社　www.bnupg.com
　　　　　北京市西城区新街口外大街12-3号
　　　　　邮政编码：100088
印　　刷：北京溢漾印刷有限公司
经　　销：全国新华书店
开　　本：787 mm×1092 mm　1/16
印　　张：9.75
字　　数：180千字
版　　次：2022年7月第1版
印　　次：2025年9月第4次印刷
定　　价：33.00元

策划编辑：刘小树　郭　放　　责任编辑：杨磊磊　葛子森
美术编辑：袁　麟　　　　　　　装帧设计：尚世视觉
责任校对：康　悦　　　　　　　责任印制：李汝星

编 委 会

"北京师范大学实验幼儿园早期教育课程方案丛书"

序　言

玉兰童子面，紫藤映红颜。忆昔承蒙养，展望新百年。

2022年4月16日，北京师范大学实验幼儿园（以下简称"北师大实验幼儿园"）已经走过了107载。岁经百年，我园始终践行"以儿童为本"的教育理念，教养蒙童，哺幼开新，铢积寸累，蓬勃发展。在国家对学前教育发展高度重视的背景下，我园也致力于为促进学前教育的优质均衡发展不断贡献力量。一方面，最大限度地为全国幼教同行提供各种学习与培训机会，特别重视对祖国边远地区、革命老区的支教帮扶；另一方面，陆续将幼儿园多年的集体智慧结集出版，包括《以儿童为本的教育研究与实践》《爱在小小舌尖：幼儿园营养美食》《幼儿园规范化管理指南》《幼儿发展性评价手册》等，为同行提高办园质量提供借鉴与参考。

实现"幼有所育"是万千家庭的企盼。近年来，国家对3岁以下婴幼儿照护服务事业的发展日益重视。2010年7月，党中央、国务院发布的《国家中长期教育改革和发展规划纲要（2010—2020年）》将学前教育单列一章，提出"重视0至3岁婴幼儿教育"。2017年召开的中央经济工作会议强调"针对人民群众关心的问题精准施策""解决好婴幼儿照护和儿童早期教育服务问题"。2019年，"加快发展多种形式的婴幼儿照护服务，支持社会力量兴办托育服务机构"被写进政府工作报告。2019年5月9日，国务院办公厅正式发布的《关于促进3岁以下婴幼儿照护服务发展的指导意见》，首次提出"婴幼儿照护"的概念，明确"到2020年，婴幼儿照护服务的政策法规体系和标准规范体系初步建立，建成一批具有示范效应的婴幼儿照护服务机构……到2025年，婴幼儿照护服务的政策法规体系和标准规范体系基本健全，多元化、多样化、覆盖城乡的婴幼儿照护服务体系基本形成"的发展目标。2020年10月，中共十九届五中全会审议通过的《中共中央关于制定国民经济和社会发展第十四个五年规划和二〇三五年远景目标的建议》提出，"实施积极应对人口老龄化国家战略""发展普惠托育服务体系"。一系列政策举措的出台为托育事业的发展奠定了基础，也掀起了托育教育的新高潮。

人生百年，立于幼学，蒙以养正，是为圣功。追溯我园0—3岁婴幼儿早期教育开展的历史，早在20世纪50年代，就开始招收56天至3岁前的婴幼儿，在乳儿和婴儿的护理、保育、运动指导等方面积累了丰富的实践经验，为后续的婴幼儿早期教育实践奠定了基础。1985年，由幼儿园自主编纂的《托儿所实用教材　优秀教案汇编》包含

1

了具体到每个月的教养特点及教育活动集锦，直至现在对我园的0—3岁婴幼儿教育还在发挥作用。20世纪90年代，伴随着社会经济体制改革，幼儿园不再接收2岁以下婴幼儿入托，但一直保留2—3岁全日托班。进入21世纪，为满足社会对优质教育资源的需求，我园积极推进北京市教委关于"以幼儿园为依托的社区儿童早期教育基地建设工程"，于2004年起陆续在校本部园、牡丹分园、奥林分园、望京分园创办0—3岁婴幼儿亲子班，并为0—3岁婴幼儿家长提供专家讲座，开办家长沙龙，开展"亲子教育"宣传日活动。2005年9月，英国首相布莱尔的夫人亲自参加北师大实验幼儿园中英早教基地挂牌仪式并剪彩。2011年，由于入托幼儿数量增加，幼儿园将2—3岁全日托班改为半日托班，一直延续至今。同年9月，幼儿园成立综合0—3岁早教活动、亲子图书馆、家长学校等项目的早期教育实践基地，为周边社区家庭带来了科学的育儿指导和欢乐时光。

历经百年积淀，我园始终坚守着"以儿童为本"的教育理念，在0—3岁早期教育管理、课程开发、师资培训、家教指导等方面积累了丰富的实践经验，形成了具有中国特色的、管理规范、质量优良的早期教育服务体系，是北京市首批示范幼儿园、市区级早教示范基地，是代表北京最高办园水平的十佳幼儿园之一，更是众多家长首选的教育品牌。

每一个孩子都是家庭的希望。从蹒跚学步到咿呀学语，孩子生命最初的几年是一生中大脑发育最为迅速的阶段。在这一关键时期，孩子需要有良好的亲子关系、科学的家庭养育及适宜的教育启蒙。"北京师范大学实验幼儿园早期教育课程方案丛书"是北师大实验幼儿园多年关于0—3岁早期教育实践智慧的结晶，我们希望与广大婴幼儿早期教育工作者分享，并为0—3岁婴幼儿早期教育机构照护者及家长的教育实践提供一定的参考和借鉴。

感谢在北师大实验幼儿园早期教育历史上做出贡献的前辈们，他们为我们留下了宝贵的财富；感谢参与编写的一线教师们，他们为课程提供了创意并付出了努力；也感谢北京师范大学出版集团对丛书的出版给予的大力支持。由于能力所限，书中难免存在不足之处，敬请读者提出宝贵意见。同时，这套丛书也是我行为庆祝北京师范大学120周年华诞和北师大实验幼儿园建园107周年献出的一份礼物。

黄　珊

2022年4月

于北京师范大学实验幼儿园

目 录

总　论

　　0—3岁是婴幼儿大脑发育成熟的关键阶段，高质量的早期教育有利于促进婴幼儿身心健康发展，对其后续成长具有极其深远的影响，是奠定婴幼儿一生幸福的基石。北师大实验幼儿园始终坚守"以儿童为本"的教育理念，基于对婴幼儿脑发育理论的研究，准确把握婴幼儿的年龄特点，以"培养健康乐观（乐）、善良有爱（爱）、文明礼貌（礼）、好奇智慧（智）、诚信立美（美）的儿童"为课程总目标，坚持创设丰富的环境，以科学适宜的早期教育活动保障婴幼儿身心健康，促进其全面发展。

一、课程理念

(一)营造"以儿童为本"的教育氛围

　　儿童是永恒的求知者，他们时常从周围环境中接收各种信息，并在与环境互动的过程中获得发展。良好的成长氛围，有爱的育人环境，对儿童成长的价值毋庸置疑。无论是物质环境的创建，还是精神环境的营造，都应当将儿童居于中心地位。

　　环境是教育的场所，更是教育的载体，安全、整洁、温馨、和谐是环境创设的基本原则。环境中应该配有适合婴幼儿年龄特点、与其身材大小成比例、能激发其探索的各类玩具材料。这些材料要有美感，在视觉上要和谐，还要能吸引婴幼儿去触摸、去自由挑选，让他们自主参与并乐在其中。

　　早期教育的场所应该是充满自由、爱和乐趣的。要想营造这种氛围，家长和教师都应该尊重婴幼儿个体的差异性与多样性，创设自由、轻松的心理氛围，给予婴幼儿充分的自主选择权，使他们专注于操作活动，帮助他们快乐地、全身心地投入有意义的活动中，实现最佳发展。

(二)培养全面发展的儿童

　　婴幼儿的学习与发展具有整体性，各个领域之间相互关联、相互作用、密不可分。在婴幼儿早期，所有的学习都始于身体，每一个动作的发展都在开发身体的能力，更是在构建大脑丰富的神经通路，这对于婴幼儿的认知发展具有重要意义。伴随着婴幼儿的成长，其社会性发展状况也极大地影响着婴幼儿的学习能力。我们以"培养健康乐观（乐）、善良有爱（爱）、文明礼貌（礼）、好奇智慧（智）、诚信立美（美）的儿童"为课程总目标，重视婴幼儿良好习惯的养成，致力于培养身心全面发展的儿童。

(三)教育要走在发展的前面

　　教育要走在发展的前面，要促进婴幼儿全面、充分、和谐地发展，而且这种当前的发展应该能为婴幼儿将来的学习与发展奠定良好的基础，有助于婴幼儿将来的可持续发展。教师必须拥有广泛而扎实的婴幼儿发展理论知识，对个体发展有持续的观察和深刻的反思，只有这样，才能提供具有吸引力的游戏，理解婴幼儿游戏的过程和特点，给予其积极的支持，并与其进行高水平的互动。教师必须参与到婴幼儿的学习过程中，基于婴幼儿的最近发展区提出具有挑战性的任务，有意识地激发婴幼儿的学习需要，才能促进婴幼儿主动、有效地学习。

(四)与家长建立合作伙伴关系

家长是儿童早期发展中排在第一位的重要他人，高质量的亲子陪伴会让早期教育取得事半功倍的效果。与家长建立合作伙伴关系，引导家长在参与活动的过程中理解婴幼儿的学习特点，提升育儿质量，是我们一直追求的目标。因此，我们致力于引导家长树立正确的教育观念，学习科学的育儿方法，建立良好的亲子关系。我们通过丰富多样的亲子活动让家长在参与中体验和学习婴幼儿教育的有效方法，通过举办专业实用的育儿讲座和组织参与式的家长沙龙给予家长科学具体的家庭教育指导。

二、课程组织实施原则

(一)科学性

0—3岁婴幼儿的发展非常依赖神经系统特别是大脑的成熟度。早期教育更应该配合婴幼儿的成熟顺序，基于年龄特点引导其发展。对于0—3岁的婴幼儿而言，许多能力的习得离不开反复操作所产生的积累效应，因此我们遵循婴幼儿的发展特点，注重多种活动的重复和递进，重视婴幼儿发展的潜在性和持续性，而不是追求教育效果的即时性。

(二)生活化

托班幼儿的教养以保育为主，因此其课程要扎根于幼儿生活，真实反映幼儿的需要。在日常生活中，只有当幼儿的生活需要得到充分的满足时，他们才有可能去参与其他有意义的活动。幼儿动作技能的发展、生活习惯的养成、作息规律的建立、社会交往经验的积累都是在一日生活中不断学习、重复、巩固的结果。托班的一日生活中蕴含着丰富的教育价值，生活即课程，二者是分不开的。我们的课程内容选择与设计贴近生活，重视幼儿所在的社会、文化、生活背景，充分挖掘生活中事物的教育价值，将教育融入生活，并延伸至家庭教育中。

(三)游戏化

游戏是婴幼儿成长发展的需要，高水平的游戏能够促进婴幼儿多种能力的提升。我们的课程注重每一个婴幼儿在活动中的参与和体验。游戏化的活动设计调动婴幼儿多种感官的参与，使他们全身心地投入活动中并获得愉悦的情绪体验。

(四)启蒙性

由于婴幼儿认知经验和理解能力有限，因此适用于婴幼儿的教育内容应该是启蒙性的。教师应基于婴幼儿的生活经验，不应超前、过度地开展教育活动，应更加注重鼓励和启发婴幼儿与材料、环境等的互动。

三、使用说明

(一)课程的目标与内容

"以儿童为本"是北师大实验幼儿园始终秉承的教育理念。在此基础上，我们以"培养健康乐观(乐)、善良有爱(爱)、文明礼貌(礼)、好奇智慧(智)、诚信立美(美)的儿童"为课程总目标，坚持创设丰富的环境，以科学适宜的早期教育活动保障幼儿身心健康，促进幼儿全面发展。

在总目标的基础上，参考国家卫生健康委于 2021 年 1 月发布的《托育机构保育指导大纲(试行)》，依据 2—3 岁幼儿的发展特点和现实需要，本套丛书将托育课程相对划分为生活与卫生习惯、动作、语言、认知、情感与社会性五部分内容，其中每部分的具体内容与目标见图 0-1。

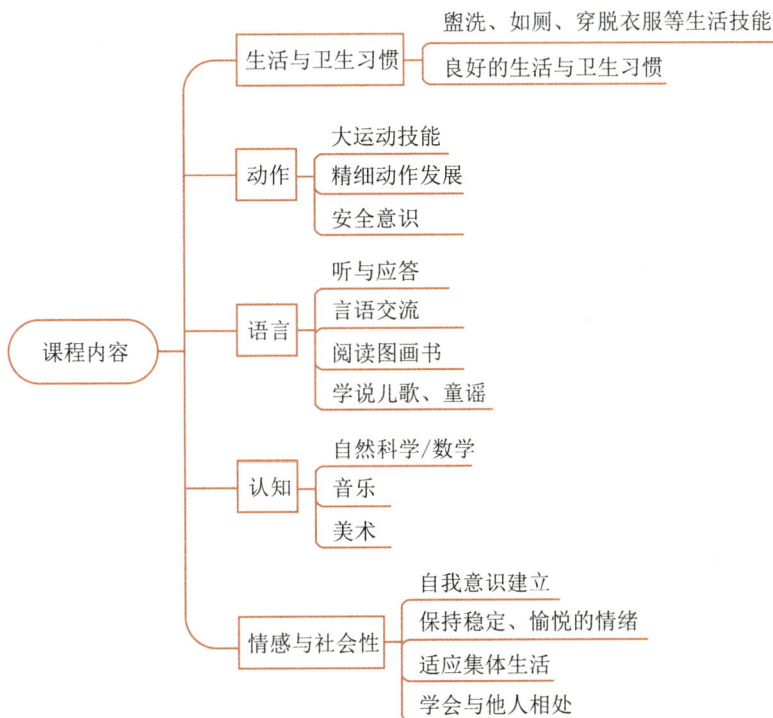

图 0-1　课程内容框架图

(1)生活与卫生习惯：学习盥洗、如厕、穿脱衣服等生活技能，逐步养成良好的生活与卫生习惯，初步具有爱劳动、爱生活的良好品质(具体对应生活活动)。

(2)动作：掌握基本的大运动技能，提高身体动作的协调性；建立基本的安全意识，乐于参与适宜的体育锻炼，增强抵抗力；达到良好的精细动作发育水平(具体对应体育活动和部分美术手工活动)。

(3)语言：乐于参与各类语言活动，学会正确发音，在倾听、模仿、交流中提升理解和运用语言的能力；喜欢探索和阅读图画书；愿意模仿和复述简单的儿歌、童谣等(具体对应语言活动)。

(4)认知：愿意亲近自然和接触新事物，尝试运用各种感官探索和发现周围事物的属性及事物间的相互关系，有好奇心和探索欲，乐于欣赏和感受美的事物，在各种游戏中逐步发展注意、观察、记忆、思维等能力。在教师的引导下能够有意识地想办法解决问题，有初步的想象力和创造力(具体对应认知活动、音乐活动和部分美术活动)。

(5)情感与社会性：逐步建立安全感，在成人的引导下认识自己的情绪，能较长时间保持稳定、愉悦的情绪，学会用适宜的方式表达情绪情感；形成初步的自我意识，愿意与同伴、成人积极互动，能遵守简单的规则，在适应集体生活、与人交往的过程中初步具有文明礼貌、善良友爱的美好品质(具体对应社会活动)。

(二)课程安排说明及实施建议

1. 课程安排说明

遵循"一日生活皆课程"的理念，我们的课程实施途径主要包括教育环境、生活活动、教育活动、区域活动、主题活动。根据幼儿的年龄特点、季节变化、节日习俗等，我们在每个月制订月计划，包含本月重点发展目标及各部分内容的具体目标，还有教师指导重点与家园配合建议。在月计划之下我们展示了详细的周工作计划样例，包括每周的教育活动、生活指导、体育游戏及家园配合。依据月计划、周计划的目标及重点，我们每月展示1个主题活动案例，包含相互关联的4~8篇教育活动详案，此外还有10余篇覆盖各领域的教育活动详案。整套课程方案除去寒暑假外，共有10个月的月计划和每月3~4次的周活动安排，每个月配有16篇左右的教育活动详案。课程的总体设计和具体活动案例浑然一体，构成了比较严密的课程体系。

在此需要补充说明的是，在我们的课程方案中，每个月详细列出了包含20个教育活动的周计划，希望为托班教师做好活动计划提供更多的参考素材。但每月只提供了16篇左右具体的教育活动详案，每个周计划中周五的活动多为参考性活动，未附详案。这是因为托班幼儿的一日生活应更多以自由活动为主，浸润在每一个生活环节之中。我们建议在实际的教育过程中要遵循"多分散、少集体"的原则，每周的集体教育活动以3~4个为宜，且要注重在此过程中调动每个幼儿的参与和操作体验。教师在实施活动时一定要遵循托班幼儿喜欢重复的年龄特点，基于本班幼儿的实际发展水平，对课程方案中的活动进行取舍和调整，在活动中做到有重复地层次性递进，不断促进幼儿综合能力的发展。

此外，我们依据幼儿的发展特点，以幼儿的自我认知为起点，逐步发展到认识环境，再到认识人与自然及周围事物与环境的关系，并以之为线索，同时结合不同领域的发展需要和每个月的季节特点，有侧重地在每月设计了一个主题，分别是"我喜欢我自己""健康快乐动起来""我阅读，我快乐""夏天到了""我长大了"。在每一个主题之下，我们每月提供了一个相对成体系的主题活动案例，让教师能够了解如何基于一个线索或问题去拓展和丰富幼儿的经验，以此来促成幼儿的深度学习，进而支持幼儿的全面发展。

3月作为下半学期开学的第一个月，大部分幼儿能够熟悉和适应托班生活，处于自我意识萌芽的他们对自身的认识充满了兴趣。于是我们设计了"我喜欢我自己"的主题活动，让幼儿在游戏中更好地了解自己，感知自己的能力，进而发展自我意识。4月的主题"健康快乐动起来"聚焦于健康领域，在这个月开展"运动健康日"也是我园的特色园本活动，是在幼儿具备一定运动基础和游戏经验的前提下，打破班级界限的自选游戏活动，能够充分激发幼儿的主动性，让他们享受运动的快乐。教师对幼儿运动能力的支持一定基于对幼儿动作发展的顺序和特点的了解，并将游戏融入课程并渗透在一日活动之中，日常户外活动的丰富性、适宜性是幼儿运动能力发展的基础保障，本月也有所侧重地提供了不同形式的运动游戏案例。3月和4月的主题活动都由在一个主题下相对并列的几个小活动组成，教师可以根据班级幼儿的实际情况，每周选取适宜的1~2个开展活动。

　　5~7月的三个主题活动是分别围绕一个话题展开的综合性的主题活动，主题中的小活动彼此关联且涉及多领域的探索学习，因此我们集中在每个月的月初选一周的时间组织开展主题活动。教师可以参考我们的案例，结合班级实际情况进行调整和实践。也鼓励教师借鉴这些主题活动的思路，基于本班幼儿的生活实际和具体问题开展有意义的综合主题活动。5月是我园特色的阅读节活动，本月呈现了一个以图画书《点点点》延伸的主题活动，让教师更好地了解如何将图画书与托班课程相结合，同时基于图画书中的内容，拓展并丰富幼儿多领域的经验和能力。6月的主题活动围绕季节展开，主题活动"天热了怎么办"则是基于一个问题线索开展的系列活动，能够让教师直观地感受什么是源于生活的课程，如何基于幼儿在生活中发现的问题去拓展和丰富他们的经验，同时培养其好奇心和科学探究的意识。7月，幼儿即将结束托班生活，无论是身体的变化还是心理的成熟，每一个孩子都有突破性的发展，此时他们自我意识逐步建立，对自我的认知逐步完善，开始对周围的事物、环境感兴趣。"有趣的蜗牛"是一个有关小动物的主题活动，教师基于幼儿的兴趣创设支持性的环境，鼓励幼儿观察身边的事物，激发幼儿对于自然和生命的感知。

　　2. 课程实施建议

　　(1)2—3岁幼儿处于生长发育较迅速的时期，对他们的生活照料和养育是首要任务，生活即教育，因此2—3岁的教育应当融入生活照料的方方面面，教师要重视学习环境的创设，重视日常生活中的随机教育和个体指导。

　　(2)幼儿在生活能力和习惯上会存在很大的差异，每个幼儿的发展水平不同，教师对每个幼儿的回应方式、帮助程度也要因人而异。当幼儿习得一定的技能之后，教师要给予幼儿充分的锻炼机会，引导幼儿主动完成自我服务任务。

　　(3)本书中的月、周计划均是依据北师大实验幼儿园的实际情况呈现的，教师具体实施时必须要结合自己本地区的特点、季节变化等适时调整。

　　(4)本书提供了一周五次活动的周教育计划，并具体列举了一周四次左右的教育活动案例。希望这些活动案例能够对一线教师有更多的参考价值。但各月中的具体教育活动并非固定的统一安排，教师在实施活动时一定要遵循托班幼儿的年龄特点，基于本班幼儿的实际发展水平进行取舍和调整，注重活动的合理反复，以促进幼儿的发展水平为标准，追求课程的实际成效。

四、托育照护环境的创设

托育照护环境不仅仅是承载幼儿生活和游戏的物理空间，也是实施保教活动的隐形媒介，更是具有文化特性的第三位教师。于2-3岁的托班幼儿而言，托育环境更像是幼儿的另一个家，对其情绪和行为都有深远的影响。

2-3岁是幼儿身心快速发展的阶段。按照儿童优先的原则，首先，托育环境的创设应遵循安全适宜的原则，最大限度地保护幼儿。其次，对于第一次离开家庭进入集体环境的托班幼儿来说，新的环境应该像家一样温馨、舒适、整洁，只有这样，才能给予幼儿充分的安全感和信任感。再次，良好的托育环境一定是具备丰富适宜的材料、充满趣味性和吸引力的环境，从而满足2-3岁幼儿探究的好奇心。同时由于2-3岁幼儿正处于秩序的敏感期，因此固定的区域、固定的设施和位置，以及固定的流程更能建构起幼儿的安全感和适应性，进而引导幼儿习得良好的生活习惯和自理能力。最后，教师作为环境的创设者，应通过观察幼儿在环境中的行为，理解幼儿的学习特点，掌握幼儿的发展水平，进而不断调整环境创设，让幼儿在一个稳定而有动态变化的环境中获得综合发展，同时也让自己能够在其中更加从容、有效率地工作。

综上所述，关于托班照护环境的创设可以从以下几个方面思考。

(一)创设安全适宜、温馨舒适的生活空间

(1)经常使用的桌椅、床、玩具柜等家具要适合幼儿的身高，便于幼儿起身和坐下，座椅的高度以幼儿坐下后双脚自然落地为宜。

(2)桌椅、柜的边角要有弧度而非直角，或可以用软质保护角做保护。

(3)室内饮水机、盥洗池、坐便器、小便池等生活照料设施充足并适宜幼儿使用。

(4)窗户和门把手要高于幼儿的身高，以免幼儿不小心打开或碰触。如果活动室的门是直通户外的，应内装一个防护栏，以免幼儿独自走出教室。

(5)班级内应有适宜幼儿的软包家具、柔软材料，有让幼儿觉得很温暖和安全的、可以自由躺卧的私密空间。

(6)楼梯要有适合幼儿高度的扶手，阶梯表面防滑。

(7)班级空间充足，采光、通风、温控等条件良好。

(二)合理规划，创设动静结合的自由空间

(1)有明确的生活区和游戏区，区域之间有间隔，幼儿能够安全地走动；有独立的户外活动场地。

(2)规划适宜的室内活动区，组织集体活动以及帮助幼儿练习走步。教师可以在地面上贴上一圈线，让幼儿在集体活动时任意选择一个位置坐在线上参与活动；还可以组织幼儿在线上跟随音乐走，使幼儿尝试去控制身体，并在移动身体的过程中感受音乐的旋律。

(3)提供相对封闭的区域活动空间，一方面能够支持幼儿安静专注地探究，另一方面也能促进幼儿之间的互动。虽然托班幼儿大多处于独立的平行游戏阶段，但我们仍然需

要在教室中给幼儿提供适合2~3人合作游戏的空间，如娃娃家和建构区。不同类型的区域之间可以使用玩具柜、书柜、沙发、绿植等作为隔挡，形成相对封闭和固定的空间。

（4）教师要观察幼儿如何运用空间，并根据幼儿的需求不断调整环境，从而促进幼儿的发展。

（三）将家庭文化融入环境之中

对于幼儿而言，托育机构是他们在家之外待的时间最长的地方。每一个幼儿都是带着自身生活经验和家庭背景来到幼儿园的，需要我们帮助他们在家与托育机构之间建立联系，而带有家的温度和熟悉物品的生活空间就是这个环境中最好的媒介。

（1）在开学之初，我们向家长征集孩子的"全家照"，让孩子随处可见自己的家人，并允许幼儿从家中带来熟悉的物品，缓解入园时的紧张和焦虑。

（2）用绿色的植物，漂亮的窗帘、桌布、靠垫等布置教室，使教室更有家的感觉。

（3）入园前的家访能够让教师走进家庭，观察与了解幼儿和家人的互动方式，了解幼儿的兴趣爱好。幼儿进入托班后，教师就能易于与他们产生互动和交流。幼儿也会因为曾在家中见过老师，而稍微缓解一些初识时的生疏与陌生感。

（四）提供支持性的活动材料

幼儿游戏活动的开展离不开玩具材料的支持。数量充足、种类多样、适宜幼儿操作的玩具材料是保障游戏质量的必要条件，也是每个托育机构质量提升的重要环节。基于幼儿的年龄特点和发展需要，托班一般设置户外活动区、角色扮演区、科学活动区、生活区、美工区、建构区、图书区几个区域，区域材料投放可以参考表0-1。

表 0-1　区域材料投放

区域	玩具材料
户外活动区	1. 满足爬、走、钻、滚、平衡、攀爬、投、跳、上下楼梯活动需求的大型器械、运动材料。 2. 球类、圈类、投掷类、拖拉类等手持玩具。 3. 适宜的骑乘、运行类玩具。
角色扮演区	1. 角色扮演类：娃娃、各类家具、生活用品等。 2. 表演类材料：简单的乐器、音乐玩具、丝巾、镜子等。
科学活动区	1. 自然科学、数学材料。 2. 益智类材料：拼图、套叠玩具、穿编玩具、搭配类玩具等。
生活区	1. 锻炼幼儿生活技能及精细动作的材料。 2. 锻炼幼儿视觉、听觉、触觉、嗅觉、味觉等的材料。
美工区	1. 绘画类：各类笔、纸、绘画工具、绘画材料、护衣等。 2. 手工制作类：各类手工制作工具和材料。 3. 整理工具：托盘、垫板、清扫工具、垃圾筐等。
建构区	搭建积木、拼插玩具等。
图书区	1. 各类图画书、有声读物。 2. 手偶、模型。

区域的创设及展示应遵循以下几个原则。

(1)安全永远是要考虑的第一要素，购买的所有玩具都要符合安全卫生标准，并定期消毒晾晒。教师要随时关注，确保玩具和游戏设施完好。

(2)每个活动区能够容纳3~5名幼儿，每个区域的材料数量保证至少满足该区域的幼儿人手一份。

(3)材料需要动态更新，开学初不宜提供过多的玩具，待幼儿熟悉之后再逐步添加。教师也需要根据班级活动开展的情况和幼儿的需要及时调整、补充和更新玩具材料。

(4)材料的投放应体现出适宜性和层次性，同一水平的玩具还要多准备几份，以满足幼儿的需要，并适宜不同发展水平的幼儿使用。

(5)可以在玩具的托盘和柜子的对应位置上贴上同一标志的图片提示，让幼儿可以根据图示了解玩具的位置，进而养成物归原位的习惯。

三月
我喜欢我自己

月工作计划和周工作计划

三月工作计划

本月重点		1. 能够情绪愉悦地入园，适应托班的生活常规。 2. 能自己做一些简单的事情，喜欢自己。
发展目标	生活与卫生习惯	1. 在教师的提示和帮助下重新适应托班的一日生活，巩固基本生活常规。 2. 保持良好的生活与卫生习惯，能自己吃饭、洗手、如厕等。
	动作	1. 能够平稳地走和跑，喜欢模仿动作。 2. 喜欢玩抛、拍、接球的游戏，会踢滚动的球。 3. 能用油画棒大面积涂色，能将纸撕成条状和片状粘贴。
	语言	1. 在成人的引导下能尝试向教师、同伴问好。 2. 喜欢听儿歌、听故事。
	认知	1. 能够发现身边环境的显著变化。 2. 能观察并区分常见事物的大小、多少、长短等。 3. 喜欢跟着音乐唱唱跳跳。
	情感与社会性	1. 假期结束后能开开心心地上托班，情绪较为稳定。 2. 意识到自己和他人不一样，能区分性别。 3. 了解本月相关的节日内容，能跟随教师参与相关活动。
教师指导重点		了解不同幼儿的特点，关注幼儿的生活照料、身体健康及习惯养成。做好家园配合工作，鼓励幼儿自己做事情。
家园配合要点		1. 家园配合调整好幼儿的作息时间，培养幼儿早睡早起的好习惯。 2. 请家长鼓励幼儿在家中自己的事情自己做，如吃饭、穿衣等。 3. 关注幼儿的情绪，帮助有情绪反复的幼儿逐步过渡，鼓励幼儿坚持入托。

3/月

三月第一周工作计划

本周工作目标：

1. 稳定幼儿的情绪，鼓励幼儿愉快来园。

2. 帮助幼儿巩固一日生活常规，复习指认自己的照片。

	星期一	星期二	星期三	星期四	星期五
教育活动	**社会活动**：教室里的变化 目标： 1. 观察并发现教室环境中的变化。 2. 重新熟悉教室环境，适应幼儿园生活常规。	**美术活动**：撕贴大树 目标： 1. 能灵活运用手指撕出块状的树叶。 2. 喜欢尝试撕贴画。	**认知活动**：我的身体 目标： 1. 能准确找到自己身体的主要部位并说出名称。 2. 能模仿教师运用身体部位做动作。	**生活活动**：保护五官 目标： 1. 观察并了解五官的基本特征及用途。 2. 初步了解保护五官的方法。	**语言活动**：你好 目标： 1. 基本理解故事内容，尝试主动使用"你好"打招呼。 2. 愿意听故事。
生活指导	1. 指导新入园的幼儿熟悉班级环境，认识自己物品所在的位置和相应的标记。 2. 提醒幼儿开小水、用洗手液洗手，指导幼儿学习先把小毛巾打开，再把手上的水擦干净。 3. 指导幼儿学习提裤子、披衣服。				
体育游戏	集体游戏1：好玩的小风车 目标： 1. 能够跑向指定地方，练习跑的动作。 2. 喜欢和同伴一起游戏，感受运动的快乐。			集体游戏2：皮球跳跳跳 目标： 1. 掌握双脚原地向上连续跳的动作技能。 2. 能根据指令做出动作。	
家园配合	1. 个别幼儿会有情绪反应，新生入园会影响其他幼儿的情绪，这都是正常现象，请家长不要焦虑，用积极的情绪鼓励幼儿坚持来园。 2. 入园时请不要把一些小物件装在幼儿的口袋里，避免幼儿误食造成危险，回家后多给幼儿吃清淡的食物。 3. 请为幼儿准备好足够的备用衣物。				

3/月

三月第二周工作计划

本周工作目标：
1. 继续稳定个别幼儿的情绪，鼓励幼儿愉快来园。
2. 利用多种活动引导幼儿认识自己。

	星期一	星期二	星期三	星期四	星期五
教育活动	**语言活动**：《大大的，小小的》 目标： 1. 通过阅读图画书感知、理解大和小。 2. 能区分常见生活物品的大和小。	**音乐活动**：我的身体都会响 目标： 1. 能根据歌词轻轻拍打身体的相应部位并做出动作。 2. 感受音乐中的固定节拍。	**社会活动**：男孩女孩 目标： 1. 能观察图片分辨男孩和女孩。 2. 知道自己的性别，尝试说出自己和他人哪里不一样。	**认知活动**：找影子 目标： 1. 对观察影子感兴趣。 2. 体验找影子、踩影子的乐趣。	**生活活动**：看谁吃得好 目标： 1. 能一手扶碗，另一手拿勺安静进餐。 2. 能吃完自己的一份饭，尽量保持餐桌干净。
生活指导	1. 指导幼儿先卷袖子再洗手。 2. 进餐时指导幼儿将身体靠近桌边，不把饭菜撒在地上。				
体育游戏	集体游戏1：快快追上球宝宝 目标： 1. 练习手膝着地爬。 2. 体验追到球宝宝的成就感。		集体游戏2：小鸡小鸭钻出来 目标： 1. 能钻过70cm高的障碍物，发展钻的能力。 2. 喜欢参加体育游戏，感受游戏的快乐。		
家园配合	1. 个别幼儿还会有分离焦虑，请家长配合，鼓励幼儿坚持入托。 2. 请多带幼儿参加户外活动，锻炼大运动技能和身体协调能力。 3. 引导幼儿认识自己的性别及其主要特征。 4. 引导幼儿在家庭生活中发现、感知大和小。				

3/月

三月第三周工作计划

本周工作目标：
1. 开展国际劳动妇女节活动，鼓励幼儿表达对妈妈的爱。
2. 指导幼儿学习初步的生活技能。

	星期一	星期二	星期三	星期四	星期五
教育活动	**音乐活动**：《我爱妈妈》 目标： 1. 能够愉快地跟唱歌曲，并用自然的声音演唱。 2. 尝试用唱歌的方式表达对妈妈的爱。	**认知活动**：小油菜发芽了 目标： 1. 喜欢观察和照顾油菜。 2. 体验种植活动的乐趣。	**体育活动**：好玩的小球 目标： 1. 尝试用双手从下往上抛球，发展手眼协调能力。 2. 感受玩球的乐趣。	**美术活动**：彩虹糖 目标： 1. 尝试用手指点画的方式表现彩虹糖。 2. 感知红、黄、蓝三种颜色，选择自己喜欢的颜色进行创作。	**体育活动**："蚂蚁"爬爬爬 目标： 1. 练习手膝着地向前爬行。 2. 愿意参加体育游戏。
生活指导	1. 提示幼儿打开毛巾扣，将毛巾挂在钩子上。 2. 指导幼儿如厕后自己提裤子。 3. 提示幼儿用双手端杯子喝水，鼓励幼儿多喝水。				
体育游戏	集体游戏1：老猫睡觉醒不了（复习） 目标：在游戏中轻轻地走路或跑，注意躲避或不碰撞其他小朋友。		集体游戏2：木头人 目标： 1. 遵守游戏规则，锻炼反应能力和耐力。 2. 感受与同伴共同游戏的快乐。		
家园配合	1. 本周幼儿园会开展国际劳动妇女节相关活动，请幼儿与妈妈在家做一些简单的家务，体验与妈妈一起做事的乐趣。 2. 请家长每周为幼儿剪指甲，避免划伤自己和碰到别人。 3. 请家长有意识地丰富幼儿的饭菜，鼓励幼儿多吃不同种类的蔬菜。				

三月第四周工作计划

本周工作目标：
1. 鼓励幼儿参加集体活动，感受和同伴在一起的快乐。
2. 初步建立区域常规，让幼儿知道玩完后要把玩具按标志送回原处。

	星期一	星期二	星期三	星期四	星期五
教育活动	**音乐活动**：小青蛙找家 目标： 1. 喜欢跟随音乐模仿小青蛙的动作。 2. 喜欢参加音乐游戏。	**社会活动**：玩具回家 目标： 1. 知道玩完玩具之后要将玩具"送回家"。 2. 能够按照标志将玩具一一对应放回原处。	**美术活动**：装饰我的小汽车 目标： 1. 学习拓印作画的方法。 2. 让幼儿感受拓印的乐趣。	**语言活动**：小黑捉迷藏 目标： 1. 初步理解故事内容，并尝试用"小黑藏在××"的句式表述自己的发现。 2. 在游戏中体验和同伴一起捉迷藏的快乐。	**认知活动**：认识金鱼 目标： 1. 认识金鱼，感知金鱼的外形特征。 2. 学会词汇表达，如游来游去、游上游下等。
生活指导	1. 指导幼儿用纸巾擦鼻涕的正确方法。 2. 巩固离席后推小椅子的习惯。 3. 引导幼儿安静入睡。				
体育游戏	集体游戏1：大巨人和小矮人 目标： 1. 练习听指令做动作。 2. 提升反应能力。			集体游戏2：踩影子 目标： 1. 练习在一定范围内四散跑，发展躲闪能力。 2. 体验和同伴踩影子的乐趣。	
家园配合	1. 请家长酌情为幼儿穿衣，尽量不穿过长、过大的衣服，以免影响幼儿活动。 2. 回家后让给幼儿多喝水，吃一些清淡的食物。 3. 引导幼儿自己叠简单的衣物，并能将衣物放到衣柜里。				

3/月

主题活动案例

处于自我意识萌芽期的幼儿对自己充满了好奇，开始关注自己的身体并试图了解身体的秘密，喜欢用身体和感官去感知世界，试图在不断重复的尝试中探究自己的能力。教师引导幼儿认识自己的身体、性别和情绪，有益于幼儿自我认知的发展，同时也可为幼儿学习与他人交往奠定基础。

经过一个学期的适应，幼儿和教师逐步建立了较为稳定的关系，愿意跟随教师参与活动。结合托班幼儿学习特点，我们尝试和幼儿一起探索自己最熟悉的身体，引导幼儿在游戏中感知、了解自己，认识自己的情绪，进而了解自我发展的独特性。主题活动目标和主题网络图（图 1-1）如下。

主题活动目标：

1. 了解身体主要部位的名称和功能；
2. 知道自己的性别，初步感知不同的情绪；
3. 了解自己的独特性，建立积极的自我概念。

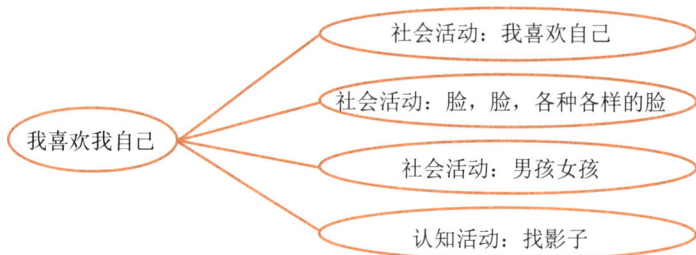

我喜欢我自己 —— 社会活动：我喜欢自己 / 社会活动：脸，脸，各种各样的脸 / 社会活动：男孩女孩 / 认知活动：找影子

图 1-1　主题网络图

在这个小主题下，我们主要设计了两个方面的内容，首先是关于自我认知的，是幼儿对自身特点的了解，包括对身体部位、性别及情绪的认识和感知。其次是关于幼儿自身与环境的关系的，通过游戏引导幼儿运用和控制自己的身体，感知自己与环境的关系。

"我喜欢自己"——教师借助图画书为幼儿传递积极的自我概念，鼓励幼儿了解自己，喜欢自己，愿意做一些让自己愉快的事情。此外，借助游戏引导幼儿认识自己的身体部位，进而增进幼儿对身体的了解和认识。

"脸，脸，各种各样的脸"——教师借助图画书引导幼儿观察了解脸的特征和不同表情。一方面帮助幼儿了解和认识自己的情绪，鼓励幼儿保持愉悦的情绪；另一方面也引导幼儿学习识别他人的情绪，为幼儿学会与人交往奠定基础。

"男孩女孩"——处于性别意识萌芽期的幼儿对此类话题充满好奇，通过引导幼儿观察了解男孩女孩的显著特征，发现自己与他人的不同，也能帮助幼儿逐步建立自我意识。

"找影子"——幼儿逐步熟悉自己的身体后，他们会乐于去探究身体与周围环境的关系及其变化，该活动能够让幼儿在游戏中促进身体动作发展，同时感知自己与环境的关系。

活动一：《我喜欢自己》(社会)

活动目标

1. 在倾听故事的过程中，了解自己，喜欢自己。

2. 能跟随教师的讲述互动，并对自己的身体部位有初步的认识。

活动准备

1. 物质准备：小猪手偶、图画书《我喜欢自己》。

2. 经验准备：幼儿对自己有基本的认知。

活动过程

1. 教师出示小猪手偶，向幼儿介绍小猪，引导幼儿和小猪打招呼，也可以让幼儿抱抱小猪，引发幼儿对小猪的兴趣。

师：这是一只有故事的小猪，它叫小小猪，我们来和小小猪打个招呼吧！

2. 教师一边用小猪手偶表演故事动作，一边用夸张的语气和表情讲述故事。

师：小小猪有一个好朋友，你们猜猜看会是谁啊？

3. 教师边用手偶做动作，边用夸张的语气讲述故事。

师：故事讲完了，小小猪的好朋友是谁？对，就是小小猪自己。

4. 教师用动作和幼儿一起回忆故事内容，并和幼儿一起认识自己的身体部位。

师：小猪有胖胖的肚子，你们有吗？我们一起揉揉自己的小肚子。

小猪还有圆圆的大腿，你们有吗？我们一起拍拍大腿。

小猪还有大大的屁股，你们有吗？我们一起扭扭自己的小屁股。

教师可以和幼儿一起边说边拍打身体的相应部位，让幼儿感受自己的身体。

教师出示图书，再次完整地向幼儿讲述故事，让幼儿对故事内容有进一步的了解。最后可以引导每个幼儿都抱抱自己，对自己说："我有一个好朋友，他就是我自己。"

活动延伸

教师可以在日常生活中与幼儿谈论"我喜欢什么""我做什么很棒"等相关话题，帮助幼儿建立积极的自我评价。此外，教师可以将一些与幼儿身体认知相关的图画书，如《我的身体，这是什么》《从头到脚》等放在阅读区，鼓励幼儿自主阅读或利用过渡、区域时间为幼儿组织小组或个体的阅读分享，引导幼儿进一步认识自己。

活动二：《脸，脸，各种各样的脸》(社会)

活动目标

1. 观察了解脸的特征和不同表情，知道不同表情代表不同心情。

2. 乐于参与活动，体验愉悦的情绪。

活动准备

1. 物质准备：图画书《脸，脸，各种各样的脸》及其电子课件，音乐《小手拍拍》。

2. 经验准备：熟悉《小手拍拍》的音乐和歌词内容。

活动过程

1. 教师播放音乐《小手拍拍》，带幼儿做律动，引入活动。

师：小朋友们，你在刚才的音乐里听到了什么？（眼睛、鼻子、嘴巴。）它们的家在哪里？（脸上。）

2. 教师出示笑脸和哭脸，请幼儿分辨不同，并初步了解相对应的不同情绪。

师：我们每个人的脸上都有眼睛、鼻子和嘴巴，我这里有两张不一样的脸，请你们看一看它们哪里不一样？

师：它们谁是开心的？谁是难过的呢？

教师小结：不同的表情代表不同的心情，开心的时候小朋友就会笑，嘴巴就会向上变成弯弯的小月牙，难过的时候小朋友就会哭，就会掉眼泪。

3. 教师出示生气的脸，请幼儿观察。

师：这张脸怎么了？谁能来学一学这个表情？你喜欢这个表情吗？

教师小结：这是生气的表情，如果小朋友生气了，说明他不高兴了，要及时找老师哦。

4. 教师出示调皮捣蛋的脸，请幼儿观察并做总结。

师：这是什么脸啊？谁能来学一学？

教师小结：这是调皮捣蛋的脸！今天我给小朋友们分享的这些脸都在这本叫作《脸，脸，各种各样的脸》的故事书里，它里面还有很多不一样的脸，我们以后再去慢慢认识它们。

5. 教师请幼儿做出自己喜欢的表情，为幼儿拍合影结束活动。

师：今天我们认识了笑脸、哭脸、生气的脸，还有调皮捣蛋的脸，现在我要给小朋友们拍一张照片啦，请你们做一个自己最喜欢的表情吧！

活动延伸

了解不同的表情可以帮助幼儿识别自己和他人的情绪。教师可以将相关的图画书投放在区域中，让幼儿有更多的小组阅读和个体阅读经验，并结合幼儿的经验开展谈话，帮助幼儿进一步了解不同的情绪。教师也可以拍摄幼儿不同表情的照片，布置在班级中，请幼儿观察交流。此外，教师还可以制作不同的表情卡、贴表情的教具投放在区域中，请幼儿去识别、分类和对应。

（金菁）

活动三：男孩女孩（社会）

活动目标

1. 能通过观察图片分辨男孩和女孩。

2. 知道自己的性别，尝试说出自己和他人哪里不一样。

活动准备

1. 物质准备：男孩和女孩图片各一张，分别供男孩和女孩使用的小便池照片各一张。

2. 经验准备：对男女有初步的认知与了解。

活动过程

1. 出示图片，请幼儿观察男孩和女孩的主要特征。

师：今天老师的家里来了两位小客人，你能分出来谁是男孩，谁是女孩吗？他们的头发、衣服有什么不一样？

引导幼儿观察并表达男孩和女孩的主要特征。

2. 出示小便池的照片，请幼儿判断它们是男孩使用的，还是女孩使用的。

师：两个小朋友想去小便了，老师家里有两种小便池，男孩应该去哪个呢？女孩应该去哪个呢？

教师请幼儿回答并说明理由。

3. 教师请幼儿说说他们自己的性别。

师：小朋友们，你们知道自己是男孩还是女孩吗？谁来说一说？

教师请幼儿找一找同伴中的男孩和女孩。

师：现在我想请小朋友们找一找咱们班的男孩和女孩，谁能来试一试？

4. 教师总结班级内男孩和女孩的典型特征，活动结束。

活动小结

处于性别意识萌芽时期的幼儿对于性别差异很感兴趣。教师通过正确的途径让他们认识男孩和女孩的不同，了解性别的差异和特点有助于幼儿早期性别意识的建立。教师可以在小便池旁分别贴上表示男孩和女孩的贴画进一步巩固幼儿的认识，也可以制作相关的教具，让幼儿为男孩和女孩匹配衣服等。

（金可欣）

🚗 活动四：找影子(认知)

活动目标

1. 对观察影子感兴趣。

2. 体验找影子、踩影子的乐趣。

活动准备

1. 物质准备：空旷、阳光充足的场地。

2. 经验准备：户外活动时发现过影子。

活动过程

1. 教师带领幼儿来到活动场地，做热身准备。

师：小朋友们，今天天气真晴朗，我们一起活动活动身体吧！伸伸腿、跳一跳、跑一跑，身体好。

2. 引导幼儿分散并找到自己的影子。

师：小朋友们，今天老师请来了我的神秘的好伙伴，它天天跟着我，有时候在我的前面，有时候在我的后面。它全身黑乎乎的，我想和它说说话，可它就是不回答。你们找一找老师的好伙伴在哪里。

师：对了，我的神秘的好伙伴就是跟在我身旁的影子，小朋友快找一找你的影子朋友在哪里。

3. 通过多种形式的游戏，引导幼儿发现伴随着身体变化，影子也会有所不同。

(1)会变大变小的影子。

师：我的影子朋友特别听我的话，我让它变小它就变小，我让它变大它就变大。你们也来试一试吧！

伴随着口令的变化，教师蹲下来让幼儿观察影子变小，站起来让幼儿观察影子变大。教师示范之后请幼儿根据"变大""变小"的指令做动作。教师需要明确活动场地，提醒幼儿认真听指令。

(2)会变来变去的影子。

师：现在我们要玩个游戏，我来说你来做：小手藏起来，小手举起来，小手动一动；小脚藏起来，小脚动一动。你的影子有什么变化？

4. 教师带领幼儿做放松活动，活动膝关节、脚腕等，自然结束游戏。

延伸游戏

踩教师的影子(教师可以根据幼儿的兴趣，在一次游戏中完成，也可以作为延伸游戏在下一次活动中进行)。教师示范踩影子并讲解游戏玩法，提醒幼儿保护好自己，注意不要碰撞到其他小朋友。可以根据幼儿的兴趣多玩几次游戏，并关注游戏中幼儿的安全问题。

活动小结

幼儿对于自身的探索和喜爱，都是由内而外的。在对自己的身体有了更全面的认识后，幼儿会发现身体和周围环境之间的关系。找影子游戏是一个特别好的引导幼儿发现身体和太阳之间关系的游戏。幼儿发现，他们可以用蹲下、站起、跳跃等动作让影子发生变化，在玩中感受自己对身体的控制。

(张凯鸽)

第一周活动案例

活动一：教室里的变化(社会)

活动目标

1. 观察并发现教室环境中的变化。

2. 重新熟悉教室环境，适应幼儿园生活常规。

活动准备

1. 物质准备：幼儿喜欢的小熊玩偶，教室区域内墙面前后、玩具柜等对比照片。

2. 经验准备：已熟悉班级环境。

活动过程

1. 教师出示小熊玩偶，引起幼儿的兴趣。

师(扮演小熊)：小朋友们好！欢迎你们回来，见到你们很高兴。

师：我们跟小熊打个招呼吧！请小朋友们说"你好"。

2. 教师出示对比照片，引导幼儿观察教室里的变化。

师：(出示小熊)小熊好像长高了呀？我发现小朋友们都长高了，我还发现我们的教室也变了。小朋友们，你们看看教室有哪些变化？

(1)教师出示玩具柜的新旧照片，请幼儿通过观察发现不同。

师：谁能发现哪些是新玩具？

(2)教师出示墙面的照片，请幼儿观察不同。

师：这两张照片一样吗？找一找哪些地方不一样？

师：小朋友们好棒，除了这些地方有变化之外，我们的教室还有哪些地方跟以前不一样了呢？

(3)教师带领幼儿到每个区域看一看，再次熟悉班级环境。

师：小朋友们真棒，发现了我们班的新变化和新朋友，之后我们慢慢认识他们并和他们做游戏吧！

活动小结

引导幼儿观察并发现教室内的变化，能够让幼儿尽快熟悉环境。幼儿喜欢的卡通动物形象能消除幼儿对陌生环境的焦虑，新玩具也会增加幼儿参与幼儿园活动的兴趣，有利于幼儿新学期的入园适应。

(阳小云)

活动二：撕贴大树(美术)

活动目标

1. 能灵活运用手指撕出块状的树叶。

2. 喜欢尝试撕贴画。

活动准备

1. 物质准备：画有大树枝干的大图 3 张，各种树的图片，若干不同深浅程度的绿色的纸。

2. 经验准备：与教师一起观察过周围的大树。

活动过程

1. 教师展示不同种类树的图片，请幼儿欣赏。

师：大树的树叶是什么样的？长在哪里？

2. 教师出示画有大树树干的大图，请幼儿观察。

师：请小朋友们看一看画上的是什么？我们一起给这棵大树贴上树叶吧！

3. 教师示范并讲解操作步骤和要求。

师：我们要用两个手指捏住彩纸，撕成一小片一小片的，像小树叶一样，然后再涂上胶水，把"树叶"贴在大树的树枝上。

4. 教师分组指导幼儿进行撕贴。

指导要点：

(1)鼓励幼儿控制手部动作撕出大小合适的树叶；

(2)指导幼儿正确使用胶棒，保持画面整洁。

5. 教师指导幼儿一起完成撕贴画，并将幼儿作品进行展示分享。

活动延伸

撕贴画非常适合托班幼儿进行操作，教师可以结合春天的景色，准备适合的材料让幼儿尝试撕贴草坪、花丛等，也可以将撕贴画的形式分享给家长，鼓励家长开展相关的亲子活动。

(金菁)

第二周活动案例

活动一：《大大的，小小的》(语言)

活动目标

1. 通过阅读图画书感知、理解大和小。

2. 能区分常见生活物品的大和小。

活动准备

1. 物质准备：图画书《大大的，小小的》及其电子课件，爸爸、宝宝图片各一张，大小梳子、大小鞋子、大小牙刷、大小毛巾、大小水杯、大小衣服、大小袜子各一组。

2. 经验准备：熟悉常见的生活物品。

活动过程

1. 教师出示图画书封面，引发幼儿讨论，引入主题。

师：今天老师带来了一本有趣的图画书，它的封面上有两只手。哪一只是大大的，哪一只是小小的？猜一猜这是谁的手呢？

师：小朋友真棒，这是爸爸的大手拉着宝宝的小手，这本书的名字就叫《大大的，小小的》，我们快来看一看吧。

2. 教师利用电子课件引导幼儿理解故事内容。

师：起床了，爸爸的被子大大的，我的被子小小的。梳头发了，小朋友看看爸爸的梳子什么样？我的梳子什么样？（引导幼儿完整表述"爸爸的梳子大大的，我的梳子小小的"。）

教师根据画面提示，引导幼儿观察马桶、牙刷、毛巾、擦脸油瓶、水杯、盘子、上衣、裤子、袜子、鞋子的大小，并尝试用"爸爸的××大大的，我的××小小的"句式完整表达。

师：虽然我和爸爸的很多东西的大小不一样，但是爸爸给我的抱抱大大的，我给爸爸的抱抱也是大大的，因为我爱爸爸和爸爸爱我一样多！

3. 教师请幼儿根据实物的大小进行配对游戏。

师：今天老师带来了好多爸爸和宝宝常用的物品，但是我有点分不清是谁的了，你们能帮我分一分吗？

教师将爸爸和宝宝的图片粘贴在不同的位置，每次拿出一对大小不同的物品请幼儿分辨大小，并将相应的物品放置在对应的图片下面。

活动延伸

对于托班幼儿来说，大和小是一个相对的概念，在真实情境和游戏中去辨别有利于其对抽象概念的理解。教师也可鼓励幼儿在家长的帮助下去找一找爸爸或妈妈的哪些物品是大大的，自己的哪些物品是小小的，请家长用照片帮助幼儿做记录，并带回班级里分享。

（金菁）

🚐 活动二：我的身体都会响(音乐)

活动目标

1. 能根据歌词轻轻拍打身体的相应部位并做出动作。
2. 感受音乐中的固定节拍。

活动准备

1. 物质准备：儿童歌曲《我的身体都会响》。
2. 经验准备：认识身体各部位。

活动过程

1. 组织游戏"找找我的身体部位"。

教师说身体部位，幼儿用手指出来。

师：找找你的小脚在哪里？肚子在哪里？眼睛呢？

2. 引导幼儿探索身体的不同部位可以做出的动作或者发出的声音。

师：我们的小手可以怎样发出声音呢？小嘴巴可以发出什么声音？……

3. 引导幼儿尝试加入歌词中的拟声词。

师：这一次，说到哪里，哪里就发出两次声音哦！

教师慢慢说，让幼儿边做动作边说出拟声词。

我的小脚：跺脚两次。我的肚子："咕咕"两声。

我的小手：拍响两次。我的嘴巴："啵啵"两声。

4. 在幼儿熟悉玩法的基础上，教师可加快说身体部位的速度。

师：现在我们要加快速度，看看谁能做出正确的动作。

5. 播放音乐，幼儿做出相应动作。

活动延伸

幼儿在熟悉身体部位的基础上，可以两人面对面互动。教师还可以创编更多的游戏带领幼儿认识更多的身体部位。

（李睿）

🥁 第三周活动案例

🚙 活动一：《我爱妈妈》（音乐）

活动目标

1. 能够愉快地跟唱歌曲，并用自然的声音演唱。

2. 尝试用唱歌的方式表达对妈妈的爱。

活动准备

1. 物质准备：歌曲《我爱妈妈》，向家长征集妈妈照顾小朋友的一些照片或视频。

2. 经验准备：有学习歌曲的经验。

活动过程

1. 发声练习：教师弹琴，引导幼儿跟唱。

1 2 3 4 | 5 — — — | 5 4 3 2 | 1 — — — |

小朋 友们 好　　老师你 好

小鸭 怎样 叫　　嘎嘎　嘎嘎

2. 教师播放电子相册，引导幼儿回想平时妈妈是如何爱自己和照顾自己的。

师：刚才我们一起看了许多小朋友的妈妈照顾小朋友的视频，妈妈是不是特别爱你们？那妈妈下班累了，你们会跟妈妈说什么？做什么？

3. 教师有节奏地朗诵，引导幼儿熟悉歌词。

师：今天老师带来一首好听的歌曲叫《我爱妈妈》，老师先来读一下歌词，小朋友们仔细听。

师：歌词里谁爱妈妈？我们是妈妈的什么？

4. 教师有感情地范唱，幼儿倾听。

5. 教师引导幼儿学唱歌曲，鼓励幼儿用自然的声音演唱。

6. 幼儿与教师跟着音乐一起演唱。

7. 反复进行几遍后教师和幼儿一起边唱边做简单的动作。

歌曲

我爱妈妈

1＝C 4/4

<u>1 3</u> <u>5 5</u> 5—— | <u>5 6</u> 5 5—— | <u>1 2</u> <u>3 3</u>3—— | 2 3 1——

我爱 妈妈 　我爱 妈妈 　　我是 妈妈的 　好宝宝。

活动延伸

围绕国际劳动妇女节，可利用儿歌、图画书、故事等让幼儿了解这是与妈妈相关的节日，鼓励幼儿用语言、歌声等表达对妈妈的爱。

（阳小云）

🚗 活动二：小油菜发芽了(认知)

活动目标

1. 喜欢观察和照顾油菜。

2. 体验种植活动的乐趣。

活动准备

1. 物质准备：刚长出芽的油菜，种子和种子发芽的视频，小喷壶。

2. 经验准备：前期带领幼儿种植过油菜。

活动过程

1. 教师出示已经发芽的油菜种子，引发幼儿回忆。

师：小朋友们看一看老师手上拿的是什么呢？你们还记得我们刚种下种子时它的样子吗？

2. 教师出示刚种下油菜种子时的照片或视频，请幼儿观察。

师：之前我们把一个个小小的黑种子种在了我们的小花盆里，现在小种子变样了，长大了，发芽了。

师：你们想知道它们是怎样长大的吗？

3. 教师播放视频，引导幼儿观察、了解种子发芽的过程。

教师一边播放视频，一边给幼儿讲述种子的故事。教师用动作展示种子是如何发芽的，帮助幼儿进一步感受种子的成长故事。

师：小种子在发芽的过程中，需要太阳公公的温暖，也需要土壤妈妈的养料。现在天气越来越暖和了，它们特别容易渴，想请小朋友们帮帮它们，给它们浇点水。你们愿意帮助它们吗？

4. 教师示范并鼓励幼儿照顾植物。

教师示范浇水的方法，可以邀请幼儿进行尝试，学习浇水的方法。

师：这是老师准备的浇水工具，它的名字叫小喷壶。它有大大的肚子，还有细细的嘴。我们要拿着小喷壶的把手来浇水。

活动延伸

班级种植活动为幼儿提供了观察植物生长变化的机会，是生命教育的活教材。教师可以将班级的植物交给幼儿照顾，引导幼儿为植物浇水，培养幼儿对植物的热爱。

（张凯鸽）

活动三：好玩的小球(体育)

活动目标

1. 尝试用双手从下往上抛球，发展手眼协调能力。

2. 感受玩球的乐趣。

活动准备

1. 物质准备：色彩鲜艳的悬挂物、小彩球。

2. 经验准备：有玩球的经历，有接球、抛球的意识。

活动过程

1. 教师用儿歌引导幼儿热身。

2. 教师组织幼儿慢走、慢跑，依次活动身体的各个关节。

3. 请幼儿自主选球，教师先示范多种玩法再请幼儿尝试。

师：你喜欢哪个球宝宝？可以把它拿起来，和它玩一玩。

师：你可以试试和老师一样，滚一滚、踢一踢、拍一拍球，与球宝宝一起玩游戏。

4. 教师示范并鼓励幼儿尝试抛球。

师：老师现在要展示一种新玩法，请小朋友们仔细看，要用我们的两只手一起托住球宝宝，用力向上抛。

(1)幼儿自主尝试和探索。

(2)请抛得高的幼儿到前面示范，引导其他幼儿观察。

(3)幼儿尝试通过双手抛球击打悬挂物。

教师应提醒幼儿先看好悬挂物的位置再抛球，对于力量小的幼儿鼓励其打低矮的物体。可根据幼儿的情况反复进行游戏。

5. 放松活动，结束游戏。

(1)教师引导幼儿送球宝宝回家。

(2)放松活动"请你像我这样做"。教师示范放松动作，如转腰、抬手臂等，请幼儿模仿。

活动延伸

球类是最基本的活动材料。幼儿可以在拍球、滚球、踢球、抛球等多种活动中锻炼身体各个部分的力量和灵活性。教师在观察和掌握幼儿发展水平的基础上，循序渐进地设计球类游戏，发展幼儿的综合身体素质。

（阳小云）

活动四：彩虹糖（美术）

活动目标

1. 尝试用手指点画的方式表现彩虹糖。

2. 感知红、黄、蓝三种颜色，选择自己喜欢的颜色进行创作。

活动准备

1. 物质准备：小熊玩偶，红、黄、蓝三种颜色的颜料，用纸板制作不同形状的瓶子，幼儿每人一块抹布。

2. 经验准备：有用手指点画的经验，认识红、黄、蓝三种颜色。

活动过程

1. 教师创设情境，引出活动主题。

师：今天咱们班来了一位小客人（出示小熊玩偶），我们一起向小熊问好！

师：今天小熊遇到了一个难题，它开的糖果店里的糖果不够了，想请小朋友们帮助它再做一点糖果。

2. 教师出示范画，引导幼儿观察和讲述。

师：小朋友们看一看，这个漂亮的瓶子里都有什么颜色的糖果呢？哦，有红色的西瓜糖果、黄色的香蕉糖果、蓝色的蓝莓糖果。你们喜欢什么味道的糖果？

3. 教师展示并介绍操作材料。

师：这是小熊帮我们准备的空瓶子，一会儿每个小朋友选一个自己喜欢的瓶子制作糖果。

4. 教师示范，请幼儿模仿练习。

师：手指蘸一蘸，轻轻压一压，一个红糖果，马上就做好。

鼓励幼儿伸出食指和教师一起边说边练习。

5. 幼儿进行创作，教师巡回指导。

（1）教师鼓励幼儿用自己喜欢的颜色点画，提醒幼儿在换颜色时用抹布把手指上的颜料擦干净。

（2）鼓励幼儿可以尝试点出不同形状的糖果，也可以尝试使劲摁出颜色浓浓的糖果和轻轻点画颜色浅浅的糖果。

6. 教师展示幼儿的作品，自然结束活动。

展示幼儿做好的糖果瓶子，鼓励幼儿向同伴介绍自己的彩虹糖，说说自己喜欢的口味等。

活动小结

手指点画是幼儿利用手指探究颜料并进行创作的有益形式。活动以游戏情境引发幼儿的兴趣，通过引导幼儿创作不同形状、不同深浅、不同大小的"糖果"，让幼儿学会感受用不同力度、角度点画的结果，让幼儿在操作中感受自己手指的动作，在丰富艺术体验的同时锻炼精细动作。

（张凯鸽）

第四周活动案例

活动一：小青蛙找家(音乐)

活动目标

1. 愿意跟随音乐模仿小青蛙的动作。

2. 喜欢参加音乐游戏。

活动准备

1. 物质准备：歌曲《小青蛙找家》，青蛙、荷叶的图片。

2. 经验准备：了解青蛙的基本特点。

活动过程

1. 教师用猜谜语的方式引发幼儿的兴趣。

师："大眼睛，宽嘴巴，身穿绿衣服，唱起歌来呱呱呱。"

引导幼儿猜谜语，可以重点提示叫声"呱呱呱"。

2. 教师借助故事讲述，帮助幼儿了解歌曲的内容。

师："有一只小青蛙参加完音乐会，现在要回家了，可是它迷路了，需要小朋友们帮忙。我们来听一听小青蛙怎样才能回家。"

教师播放音乐，引导幼儿关注重点歌词"跳跳""呱呱"。

师：音乐里的小青蛙是怎样走路的？（跳跳）小青蛙是怎样唱歌的？（呱呱）

师：现在我们一起来模仿一下小青蛙走路和唱歌吧。

教师带领幼儿一起跟随音乐模仿动物做动作，重点关注音乐中的跳跳、呱呱，跳跳跳、呱呱呱。

3. 分别出示青蛙和荷叶的图片，帮助幼儿进一步熟悉音乐。

师：现在我们先帮小青蛙铺好路，请小青蛙根据我们铺好的路回家吧。

师：老师出示青蛙的时候就唱"呱呱"，出示荷叶的时候就唱"跳跳"，小朋友们要跟着老师一起来唱哦。

教师边说歌词边帮助幼儿记忆不同图片代表的内容。

4. 引导幼儿完整跟随音乐做小青蛙模仿操。

师：现在小朋友们都知道小青蛙可以怎样回家了吗？我们一起跟着音乐跳起来，送小青蛙回家。

引导幼儿边听音乐边看图片，跟随教师一起做小青蛙模仿操。

活动延伸

可以延伸户外游戏"小青蛙跳荷叶"，制作荷叶，并在户外有间隔地铺好，引导幼儿练习双脚离地跳。

（安妮）

活动二：玩具回家（社会）

活动目标

1. 知道玩完玩具之后要将玩具"送回家"。
2. 能够按照标志将玩具一一对应放回原处。

活动准备

1. 物质准备：小猴手偶、有哭声的音频、散落的玩具。
2. 经验准备：对教室环境有一定的认识。

活动过程

1. 教师出示小猴手偶并播放哭声，通过角色扮演引起幼儿的关注。

师：小猴，你为什么哭呀？

小猴手偶：我喜欢的小车不见了。

师：小车的家在哪里啊？你有没有把它送回家？

小猴手偶：我忘了……

师：原来，小猴喜欢的小车没有回家，小猴找不到小车了，所以小猴就哭了。下次小朋友们玩完玩具后一定要记得收好玩具，我们一起来帮小猴找小车吧！

2. 教师引导幼儿帮小猴找玩具，尝试给玩具分类。

（1）教师将 2~3 类不同的玩具，随意摆放在小地毯上，教师示范将同一类玩具放在一个玩具筐内。

师：地上有这么多玩具，我先将它们分分类，这两个都是雪花片要放在一个盒子里，这两个都是积木要放在一个盒子里。剩下的玩具谁可以帮我分一分？

（2）请幼儿尝试分类。

师：小朋友们真棒，把同一类玩具都放在一起了，它们可高兴了，玩具说谢谢你们。可小猴喜欢的小车不在这里，咱们到柜子里面再看看吧。

3. 教师引导幼儿学习按照标志将玩具放回原处。

师：看看柜子上有什么小标志？对，有小花、小圆点。我们再看看托盘上有什么？也有小花、小圆点。

师：柜子和托盘上都有小标志，这两个小标志一样吗？原来，小花要对应小花，小圆点要对应小圆点。我们一起把还没找到家的玩具，按照标志送回家吧。

请幼儿尝试将没有放在对应位置上的玩具放回原处。

师：咦，这不是小猴要找的小车吗？原来是放错地方了，小猴终于找到自己最喜欢的玩具了。小朋友们玩完玩具了一定要把它们都送回家哦！

活动小结

情境化的活动设计让幼儿建立"物归原处"的意识，对于幼儿的秩序感建立有很好的作用。习惯的养成需要不断重复和强化，在日常活动中教师要随时观察幼儿收整的情况，观察幼儿收整时出现的问题，利用集体提示和一对一指导相结合的方法，鼓励幼儿自己把玩具收好。

（阳小云）

活动三：装饰我的小汽车(美术)

活动目标

1. 学习拓印作画的方法。

2. 让幼儿感受拓印的乐趣。

活动准备

1. 物质准备：各种拓印工具若干、各种颜料若干、汽车模板一人一份、抹布每桌两块、托盘每桌两个。

2. 经验准备：之前玩过颜料。

活动过程

1. 创设情境，引发幼儿兴趣。

师：小汽车家族今天要举办一场设计大赛，邀请我们班的小朋友参加，要看一看哪个小朋友设计的小汽车最漂亮、最好看。小朋友们一起挑战吧！

2. 教师展示拓印工具，示范操作方法。

师：老师手里拿的是拓印工具，我们今天要用这些拓印工具来装饰小汽车。你们想知道怎样使用它们吗？快来跟着老师一起学一学！

师：选一个自己喜欢的拓印工具，老师选了一个小星星，右手拿住手柄，用有海绵的一头蘸一下颜料，轻轻印在'车身'上，漂亮的星星就印在小汽车上了。如果你想多印几个星星也可以，或者再选择一个新的工具蘸别的颜色拓印。老师再来印一个爱心吧。看，老师的小汽车漂亮吗？

3. 幼儿操作，教师指导。

(1)鼓励幼儿大胆尝试，提醒在创作时不要印到车身外面，蘸颜料时不用蘸太多。

(2)鼓励幼儿自行选择自己喜欢的颜色、工具印画。

(3)提醒幼儿在手掌沾到颜料后可以用抹布擦一擦。

(4)拓印结束后提醒幼儿不要将画拿起来，等晾干之后再移动作品。

4. 教师鼓励幼儿分享作品，教师点评。

师：你们装饰的小汽车太漂亮了，谁来讲一讲你的小汽车上都有哪些图案？

活动小结

拓印画是幼儿借助工具探究颜料并进行创作的一种方式，也是培养幼儿动手能力的好方法。教师通过创设设计大赛的情境引发幼儿的兴趣，引导幼儿创作不同颜色、拥有不同图案的小汽车，让幼儿在活动中感受美术活动的乐趣。

（张凯鸽）

🚗 活动四：小黑捉迷藏（语言）

活动目标

1. 初步理解故事内容，并尝试用"小黑藏在××"的句式表述自己的发现。

2. 在游戏中体验和同伴一起捉迷藏的快乐。

活动准备

1. 物质准备：图画书《小黑捉迷藏》、小精灵"小黑"剪纸若干、盒子一个、音乐《藏猫猫》。

2. 经验准备：玩过捉迷藏游戏，对上、下方位有感知。

活动过程

1. 教师组织游戏"小手小手拍拍"，激发幼儿参与活动的兴趣。

师：小手小手拍拍，我的小手放肩上（可变换位置——腿上、膝盖上、藏起来）。

师：今天老师带来一个新朋友，它的名字是小黑。小黑是一个颜色小精灵，它每天最喜欢的事情就是和好朋友一起玩游戏。现在它想邀请你们一起玩捉迷藏。它来藏，你们来找，比一比谁最先找到小黑。

2. 教师讲述故事，引导幼儿理解故事内容。

（1）教师出示小黑，让幼儿观察并了解小黑的形象，为在后面的故事中找出小黑做铺垫。

师：在玩游戏之前，先来看看小黑是什么样子的。

（2）教师完整讲述故事内容，引导幼儿找出小黑。

师：小黑藏起来了，现在要开始玩游戏啦。

师：找一找，小黑藏在哪里了？原来小黑藏在瓢虫的壳上面啦。

（3）教师以同样的方式引导幼儿观察图片，一起总结"小黑藏在哪里"，让幼儿感知与学习简单的方位词。教师引导幼儿大胆说说自己的发现，体会在游戏中藏、找的乐趣。

3. 教师带领幼儿一起玩"小黑捉迷藏"的游戏。

师：现在小黑和它的小伙伴们要同大家一起玩游戏了，它们都藏在我们班的教室里，大家一起把它们找出来吧。

听音乐《藏猫猫》送小黑回家，自然结束活动。

师：听音乐，找到小黑的小朋友就送它回家。

活动小结

《小黑捉迷藏》这本图画书情节简单有趣，适合托班幼儿。教师基于图画书创设"捉迷藏"的游戏情境，让幼儿在玩的过程中提升观察能力，也通过一藏一找的过程，让幼儿发展语言表达能力，学习简单的表达方位的词语。

（罗婷）

3/月

四月

健康快乐动起来

月工作计划和周工作计划

四月工作计划

本月重点		1. 关注春天的季节变化，能发现身边动植物的变化，并愿意尝试表达。 2. 乐于参与各类体育活动。
发展目标	生活与卫生习惯	1. 在身体不适时能主动告诉别人。 2. 能在教师引导下专心、安静地进餐，知道干稀搭配，细嚼慢咽。 3. 会穿脱袜子，能够尝试自己穿衣服、脱裤子。
	动作	1. 逐步掌握走、跑、钻、爬、跳、平衡的基本动作技能，身体动作逐渐协调。 2. 在教师的陪同、引导下能在较宽且低矮的平衡木上行走，尝试双脚同时离地跳，能从低矮的高处跳下（从一只脚先落地逐步过渡到两只脚一起落地）。 3. 在成人的指导下能解开、扣上大的纽扣。
	语言	1. 在教师的引导下能够有意识地使用礼貌用语"谢谢""您好""再见"等。 2. 愿意尝试使用语言与成人和同伴交往，表达自己的意愿和爱好。
	认知	1. 运用多种感官观察和感受春天的变化。 2. 能将 3～5 个大小不同的套装玩具套在一起，如套娃等。 3. 能在教师的指导下关注周围动植物，注意它们的变化。
	情感与社会性	1. 知道日常生活中的常规秩序，愿意与同伴友好相处。 2. 有初步的安全意识，了解与自己生活相关的安全常识，如不跟陌生人离开、过马路要注意信号灯等。
教师指导重点		为幼儿提供适宜而有挑战性的材料，基于幼儿发展水平，观察幼儿的个体差异，鼓励并支持幼儿主动参与各类体育活动。
家园配合要点		1. 春季多带幼儿去户外活动，注意引导幼儿观察春天花草树木的变化，并丰富有关词汇，如开花、发芽等。 2. 在家中鼓励幼儿做力所能及的事情，如收玩具、吃饭、管理自己的物品等。 3. 帮助幼儿养成良好的生活和卫生习惯，勤剪指甲、勤洗澡。

四月第一周工作计划

本周工作目标：
1. 引导幼儿在户外感受春天的天气变化。
2. 引导幼儿到指定位置玩玩具，遵守区域游戏规则。

	星期一	星期二	星期三	星期四	星期五
教育活动	**音乐活动**：春天 目标： 1. 初步理解歌词内容，学唱歌曲。 2. 通过歌曲感受春天的美好。	**美术活动**：桃花朵朵开 目标： 1. 学习使用拓印的方法作画。 2. 喜欢观察春天不同的花。	**体育活动**：独木桥 目标： 1. 尝试在低矮的平衡木上行走。 2. 发展平衡能力。	**体育活动**：我是快乐的小蚂蚁 目标： 1. 练习钻、爬动作。 2. 喜欢和教师一起游戏。	**生活活动**：小手真能干 目标： 1. 能自己搬椅子，收整玩具。 2. 体会自己做事的快乐。
生活指导	1. 鼓励幼儿自己专心吃完一份饭菜，知道不浪费。 2. 引导幼儿养成餐后漱口的习惯。 3. 指导幼儿将擦完鼻涕的纸放到垃圾桶里。				
体育游戏	集体游戏1：好玩的气球 目标： 1. 探索气球的玩法并尝试与同伴互动玩气球。 2. 乐于参与体育游戏，体验游戏的乐趣。		集体游戏2：能干的小刺猬 目标： 1. 比较顺利地完成弯腰、下蹲再站立的动作。 2. 手眼协调地抓取物品。		
家园配合	1. 建议家长利用节假日带幼儿外出踏青，有意识地引导幼儿观察和表达自己的发现。 2. 在生活中鼓励幼儿走一些有沙石、有坡度等不同的路，锻炼幼儿走、跑、跳的能力。 3. 春季为传染病多发季节，加强预防工作，尽量少去人多的公共场所，确保幼儿身体健康。				

4/月

四月第二周工作计划

本周工作目标：

1. 逐步为幼儿介绍区域环境及材料，鼓励幼儿说出部分玩具的名称，引导幼儿知道在不同区域玩相应的玩具。

2. 鼓励幼儿集中一段时间的注意力玩自己喜欢的玩具。

	星期一	星期二	星期三	星期四	星期五
教育活动	社会活动：《汤姆走丢了》 目标： 1. 知道外出时要紧跟大人，不离开。 2. 初步建立安全意识。	体育活动：彩虹伞 目标： 1. 在游戏中尝试听口令做动作。 2. 锻炼反应能力和身体协调能力。	美术活动：好玩的滚珠画 目标： 1. 尝试用滚动玻璃球的方法作画。 2. 观察和感知色彩的变化。	体育活动：小青蛙跳荷叶 目标： 1. 练习双腿离地向前、向上跳。 2. 通过情境模仿，感受游戏的乐趣。	认知活动：小蝌蚪 目标： 1. 了解小蝌蚪的名称和外形特征。 2. 知道小蝌蚪的妈妈是青蛙。
生活指导	1. 提示幼儿用一只手扶碗，用另一只手拿勺，吃饭时能细嚼慢咽。 2. 指导幼儿在进餐时将身体靠近桌边，尽量避免把饭粒撒到地上。				
体育游戏	集体游戏1：快快追上球宝宝（复习） 1. 练习手膝着地爬。 2. 体验追到球宝宝的成就感。		集体游戏2：变来变去的小池塘 目标： 1. 学习双脚跳的动作，增强腿部肌肉力量。 2. 体验体育游戏活动带来的乐趣。		
家园配合	1. 建议家长为幼儿提供自我服务的机会，鼓励幼儿学会自己的事情自己做，如自己吃饭、穿外套等。 2. 家长可以尝试在家与幼儿开展简单的种植活动。				

4/月

四月第三周工作计划

本周工作目标：
1. 喜欢参与各项体育活动，提升身体的协调性。
2. 有初步的生活自理能力，玩完玩具后能主动收整。

	星期一	星期二	星期三	星期四	星期五
教学活动	**体育活动**：会跳舞的线 目标： 1. 能动作协调地沿着线走。 2. 尝试控制自己的身体，锻炼平衡能力。	**语言活动**：《好饿的毛毛虫》 目标： 1. 知道毛毛虫会变成蝴蝶的过程。 2. 愿意听故事并回应教师的提问。	**美术活动**：毛毛虫 目标： 1. 练习把彩泥团揉成圆的动作技能。 2. 喜欢手工活动，体验成功的乐趣。	**体育活动**：抓小鱼 目标： 1. 能控制身体在斜坡上走。 2. 在教师的指引下敢于尝试、挑战。	**认知活动**：风的游戏 目标： 1. 感受风的存在，知道风能让东西飘起来。 2. 感受旗子、丝巾在风中的变化。
生活指导	1. 逐步引导幼儿在大小便后自己提裤子。 2. 介绍每日餐食，引导幼儿认识常见的蔬菜。 3. 鼓励幼儿自己打开吸管喝牛奶，做到不洒奶。				
体育游戏	集体游戏1：独木桥 目标： 1. 在15～20厘米宽的平行线间行走，保持身体平衡。 2. 在教师的帮助下尝试走平衡木。			集体游戏2：网鱼(复习) 目标：学会闪躲，提升身体的灵活性。	
家园配合	1. 天气逐渐变暖，请家长为幼儿穿合适的衣裤来园，在家给幼儿多喝水，增加活动量。 2. 引导幼儿练习双脚向前、向上跳。				

四月第四周工作计划

本周工作目标：
1. 引导幼儿积极参与各项活动，愿意和大家一起玩。
2. 鼓励幼儿有礼貌地与成人和同伴交往，愿意用简单的语言表达自己的要求。

	星期一	星期二	星期三	星期四	星期五
教学活动	**语言活动**：《想吃苹果的鼠小弟》 目标： 1. 了解故事中小动物的不同本领。 2. 喜欢听故事，初步理解故事内容。	**音乐活动**：《我爱我的小动物》 目标： 1. 愿意用好听的声音歌唱，熟悉歌曲内容。 2. 感受歌曲的旋律，体验唱歌的乐趣。	**体育活动**：喂小动物 目标： 1. 尝试使用不同材料进行投掷。 2. 发展上肢力量。	**生活活动**：我会保护我自己 目标： 1. 了解游戏中基本的自我保护方法。 2. 有初步的安全意识。	**运动健康日**
生活指导	1. 指导幼儿用餐巾纸擦嘴，培养幼儿饭后擦嘴的习惯。 2. 巩固幼儿将教室中的玩具及物品放归原处。 3. 引导幼儿发现班级自然角中的变化。				
体育游戏	集体游戏1：袋鼠妈妈 目标： 1. 会双脚向前跳，锻炼下肢力量。 2. 喜欢参与跳跃活动。		集体游戏2：蚂蚁搬豆 目标： 1. 发展四肢协调能力，提高动作协调性。 2. 乐意和同伴合作，体会合作的乐趣。		
家园配合	1. 节假日期间家长注意幼儿外出时的安全，鼓励幼儿观察和表达自己的发现。 2. 与幼儿在家开展亲子运动游戏，如丢沙包(可以用袜子团代替)、投球、踢球等。 3. 家长可以和幼儿一起饲养金鱼等小动物，观察它们的特点，使幼儿学会关心、爱护小动物。				

4/月

主题活动案例

4月春暖花开、万物复苏，天气逐渐暖和起来，小朋友们也都渐渐脱下了厚重的外套，更加热衷于户外体育活动。丰富、适宜的体育游戏、活动能促进幼儿动作的灵活性、稳定性、协调性的提升，更有益于幼儿身心健康发展。

幼儿的日常体育活动基本上都是在一个班级内开展的，而打破班级的限制，开展多种运动游戏自选活动，能够让幼儿在更大的活动空间内，通过多种材料、方式的组合，在游戏中感受自主运动的快乐。但是托班幼儿对身体的控制能力较弱，缺乏自我保护的意识和能力，这不仅需要教师提前做好相关的安全教育，也需要教师在活动的组织过程中做好相关的准备、保护工作。主题活动目标和主题网络图(图 2-1)如下。

主题活动目标：

1. 学习简单的自我保护方法，在运动时有初步的安全意识；
2. 喜欢跟随教师参与各类体育游戏，锻炼综合运动能力；
3. 在了解基本活动规则的基础上，愿意自主尝试新游戏。

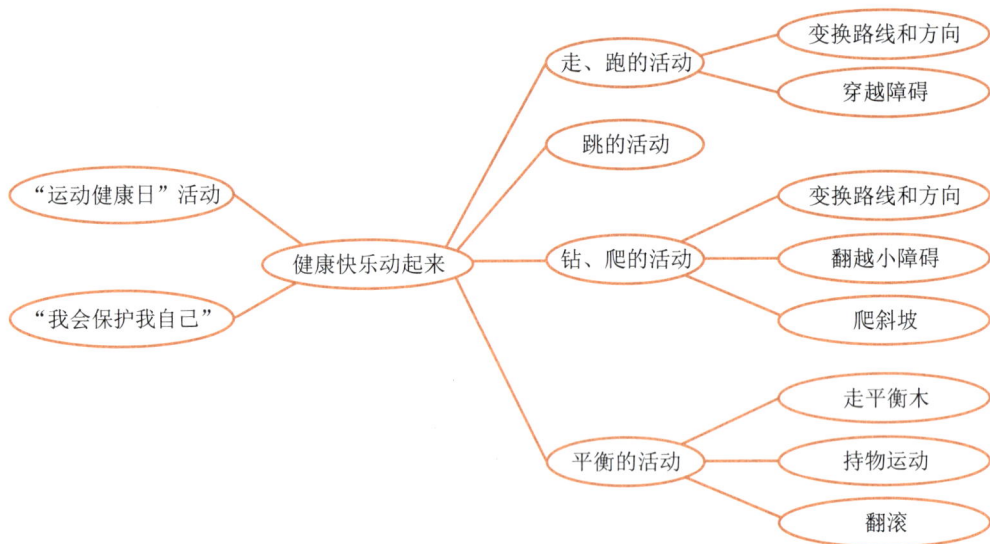

图 2-1　主题网络图

对于托班幼儿来说，走、跑、钻、爬、跳、平衡是他们能够参与的基本身体活动。教师需要在掌握幼儿动作发展顺序、特点及本班幼儿运动发展水平的基础上，创设情境将动作与游戏相结合，设计丰富、适宜的体育活动，让幼儿在游戏中得到动作的发展和运动能力的提升。如果要组织一场突破班级限制的"运动健康日"活动，活动前让幼儿充分熟悉相关的游戏内容、基本的游戏规则、注意事项、安全要点、自我保护的方法等都是需要教师提前做好的准备。

本次小主题活动设计了"运动健康日"整体的活动方案，对教师需要提前做的准备及活动中的注意事项做了说明。"我会保护我自己"活动是教师要在"运动健康日"活动开展之前组织的，目的是提前告诉幼儿"运动健康日"的活动内容和注意事项，培养幼儿基本的安全意识。本次小主题活动结合走、跳、爬、平衡设计了几个具体的游戏活动，为教师开展"运动健康日"提供活动范例。教师也可以根据幼儿基本的活动内容开拓、创新、组合不同的游戏项目，开展适宜的"运动健康日"活动。

"我会保护我自己"——通过这个活动让幼儿发现玩游戏是有规则的，每个幼儿都应该遵守游戏规则，只有这样才能更好地玩游戏，并了解简单的自我保护的方法。

"我是快乐的小蚂蚁"——钻爬类活动，通过游戏情境的创设鼓励幼儿锻炼手膝着地爬，可以通过增加障碍物、变换路线增加难度。

"小青蛙跳荷叶"——锻炼跳的活动，通过模仿教师原地练习、设置距离、增加定点位置、设置目标，逐步增加活动的难度给予幼儿不同层次的挑战。

"抓小鱼"——综合化活动，在游戏化的场景中锻炼幼儿的大运动技能，让幼儿学习爬、走平衡木及双脚跳的动作，促进幼儿综合运动能力的发展。

活动目标

通过"运动健康日"，教师激发幼儿积极主动地参与活动，提升幼儿走、跑、钻、爬、跳、平衡的能力以及身体协调性和灵活性，增强幼儿的身体素质。

活动时间：××××年××月××日上午 10:00—11:00

活动准备

1. 物质准备：摆放各项活动材料，各班制作代表班级的标志牌每人一个，作为奖励的贴纸，设置幼儿饮水区、搁置衣服的专区。

2. 经验准备：教师带领幼儿提前熟悉场地，提前为幼儿介绍活动项目及注意事项，提示家长在活动当日为幼儿准备适宜活动的着装。

活动过程

1. 主持人介绍活动开场内容，说明注意事项。

2. 各班教师带领本班幼儿尝试每一个活动项目。

3. 各项目负责教师定点负责，其余教师协助观察、引导幼儿自主选择喜欢的活动项目进行挑战。保健医做好安全提示和意外伤害应急处理。幼儿在完成一个活动项目后由负责该项目的教师奖励一个贴纸。

项目和人员安排：

项目名称	目标	材料	玩法（规则）	活动场地	班级职责
我是快乐的小蚂蚁	练习钻、爬动作，锻炼身体的协调性和灵活性。	泡沫垫若干、蚂蚁头饰一个、拱形门四个、二分之一圆两个、沙包若干、筐四个。	参与活动的幼儿需要戴头饰，站在入口处，听口令出发，手膝着地爬过拱形门组成的山洞，拿到沙包后投入筐里才算完成一次，游戏反复进行。	操场	提前摆放材料，控制参与活动的幼儿人数，注意幼儿在活动过程中的安全，在幼儿完成后给予奖励。
……					

活动一：我会保护我自己(生活)

活动目标

1. 了解游戏中基本的自我保护方法。

2. 有初步的安全意识。

活动准备

1. 物质准备：幼儿正确玩游戏的照片、人物手偶两个(妮妮和贝贝)。

2. 经验准备：在户外活动中有排队的经验。

活动过程

1. 教师通过手偶进行情境表演，引发幼儿参与的兴趣。

师：小朋友们都在排队玩跳圈圈的游戏，妮妮走到队伍的后面耐心地排起队来，贝贝却有些等不及了，急匆匆地冲到队伍的最前面就要玩。小朋友们，你们喜欢妮妮还是喜欢贝贝呢？

教师小结：妮妮能够排队耐心等待，贝贝却挤来挤去地插队，我们要学妮妮不学贝贝。

2. 教师出示幼儿排队玩滑梯的照片，引导幼儿观察。

师：小朋友们看一看，图片上的哥哥、姐姐是怎样玩滑梯的？你喜欢那样玩吗？

教师小结：玩滑梯时要先排队，一个跟着一个，不推不挤，双手扶住滑梯慢慢往下滑，这样会很安全。

3. 教师向幼儿出示正确跑步的照片，引导幼儿观察。

师：图片上的哥哥、姐姐在跑步时眼睛是看哪里的？

教师小结：跑步时小朋友的眼睛要看着前面，注意躲避不要撞到别人。

4. 教师向幼儿出示摔倒受伤的图片，请幼儿观察并思考。

师：当我们在游戏中摔倒、撞到东西或别的小朋友时要怎么办呢？

教师小结：受伤了要及时找老师帮忙，老师会带小朋友去保健室及时处理伤口。

5. 教师带领幼儿学习儿歌，巩固在游戏中自我保护的方法。

儿歌《我会玩游戏》

玩游戏，要排队，你在前，我在后，

大家不挤也不推，高高兴兴做游戏。

滑滑梯，手把边，一个跟着一个滑。

跑步时，看前方，小心碰到小朋友，

摔倒一定找老师，老师帮你做处理。

活动延伸

教师需要通过儿歌、提示等，在日常活动中不断巩固幼儿对游戏规则和安全知识的掌握，在活动中逐步建立安全意识。

(金菁)

活动二：我是快乐的小蚂蚁(体育)

活动目标

1. 练习钻、爬动作。

2. 喜欢和教师一起游戏。

活动准备

1. 物质准备：泡沫垫若干、蚂蚁头饰一个、拱形门四个、二分之一圆两个、沙包若干、筐四个。

2. 经验准备：对蚂蚁的习性有所了解。

活动过程

1. 情境创设，引发幼儿参与活动的兴趣。

师(头戴蚂蚁头饰)：宝宝们，今天妈妈要带你们出去找点吃的回来，在出门之前先跟着妈妈运动运动，先把身体活动开，等会儿才能有力气把吃的带回来！

带领幼儿做准备活动，重点活动手腕、脚腕。

2. 教师示范动作，引导幼儿模仿、练习手膝着地爬行。

师：宝宝们，今天我们要先学一学爬的本领，手膝着地，微微抬头，眼睛要看着前面。只有学会这个本领了，妈妈才能带你们出去寻找吃的哦，大家都来跟我学一学。

3. 教师组织幼儿参与游戏"蚂蚁宝宝运粮食"。

师：宝宝们，看，粮食就在路的那一边，你们需要钻过三个山洞，才能到达终点将粮食带回来。宝宝们，出发吧！

将幼儿分成两组，选择不同的运粮方式，尝试几次之后进行互换，最后由幼儿自由选择。

4. 教师整理运回来的粮食，结束活动。

师：宝宝们太能干了，运回来这么多的粮食，妈妈今天特别高兴，我们来做游戏放松一下吧！

带领幼儿做放松活动，自然结束。

活动延伸

后续可以根据幼儿游戏的情况调整路线，通过增加障碍物等增加挑战难度。

（金菁）

活动三：小青蛙跳荷叶(体育)

活动目标

1. 练习双腿离地向前、向上跳。

2. 通过情境模仿，感受游戏的乐趣。

活动准备

1. 物质准备：荷叶垫、无纺布制作的害虫、无纺布制作的池塘。

2. 经验准备：对青蛙的习性有一定的了解。

活动过程

1. 教师扮演青蛙妈妈，带领幼儿做热身活动。

师：青蛙宝宝们，今天的天气真好，快跟着妈妈活动活动身体吧。

教师带领幼儿做准备活动，重点活动膝盖、脚腕。

2. 教师创设情境，引导幼儿练习双脚同时离地向前、向上跳。

师：哇，池塘里有好多荷叶啊，青蛙宝宝们跟着妈妈来荷叶上跳一跳吧！

教师鼓励幼儿大胆尝试跳上荷叶。教师单独给不敢跳的幼儿示范，给予个别指导和帮助。鼓励能力较强的幼儿跳上荷叶后在原地向上跳。

3. 教师增加两条线作为小河，提升难度，引导幼儿跳过小河。

师：青蛙宝宝们，现在我们要跳过小河，跳的时候一定要用腿使劲蹬地哦！

教师示范跳的动作请幼儿模仿，并进行个别指导。能力强的幼儿可以多次尝试。

4. 教师组织游戏"青蛙捉害虫"。

师：青蛙宝宝们真棒，跳得又高又远。妈妈听说池塘里来了特别多的害虫，我们的好朋友小花、小草都被害虫伤害了，现在我们去帮助小花、小草消灭害虫吧！

教师将荷叶、小河、池塘依次排成挑战路线，引导幼儿连续跳过荷叶，跳过小河，找到池塘里的害虫。

5. 教师带领幼儿放松身体，避免活动后受伤。

活动延伸

根据幼儿的运动能力，教师可以通过增加荷叶的数量、增加荷叶之间的距离来增加游戏难度，也可以设置不同难度的路线请幼儿自由选择挑战。

（张凯鸽）

活动四：抓小鱼(体育)

活动目标

1. 能控制身体在斜坡上走。

2. 在教师的指引下敢于尝试、挑战。

活动准备

1. 物质准备：攀登架(30厘米高)加木板(15～20厘米宽)两组、拱形门两个、蓝色布、自制小鱼若干、小筐、企鹅头饰。

2. 经验准备：有初步的攀爬、钻、走平衡木的经验。

活动过程

1. 教师带领幼儿做准备活动，活动身体的各个关节。

师：今天我们要玩一个特别好玩的游戏，在游戏之前我们要先活动身体，快来跟我一起运动吧！点点头、摇摇头，转一个圈，跳跳跳。

2. 教师创设情境，引发幼儿的兴趣。

师：（教师出示企鹅头饰）小朋友们，今天我变成了企鹅妈妈，我要带着我的企鹅宝宝们去抓鱼。抓鱼需要翻过高山、走下山坡、钻过山洞，你们愿意挑战吗？

3. 教师讲解路线，示范动作。

教师依次用攀登架和木板（木板的一头架在攀登架上，另一头着地，搭成斜坡），以及拱形门摆成两条路线，在蓝色布上撒上小鱼。

师：我们先要翻过一座小山，向上爬时用小手抓牢，小脚踩稳，手和脚交替爬，爬到山顶沿着小路慢慢走下山坡，然后低头弯腰钻过山洞，最后到达池塘抓到鱼，回家放进小筐里。

4. 教师分组组织幼儿参与游戏"抓小鱼"。

教师鼓励幼儿大胆尝试，提示幼儿动作要领。对于能力弱的幼儿，教师可以拉着手带他们走；对于能力强的幼儿，教师可以鼓励他们多尝试几次。

5. 教师鼓励参与活动的幼儿，自然结束活动。

师：企鹅宝宝们今天特别勇敢，抓到了好多条小鱼，太厉害了，给自己鼓鼓掌吧。

教师带领幼儿做放松活动，按摩腿部、脚踝等部位。

活动小结

本次活动将攀爬、钻、平衡的动作练习进行了组合，有一定的难度和挑战性。教师需要根据幼儿的能力水平调整路线组合，可以设置不同难度的路线让幼儿选择挑战。

（金菁）

4
/月

第一周活动案例

活动一：春天(音乐)

活动目标

1. 初步理解歌词内容，学唱歌曲。

2. 通过歌曲感受春天的美好。

活动准备

1. 物质准备：与歌词对应的图片、歌曲《春天》。

2. 经验准备：有观察春天变化的经验。

活动过程

1. 教师通过提问引入活动。

师：小朋友们，春天来了，你们看到了哪些变化？你们见到了什么颜色的花？天气变得怎么样？

2. 教师播放歌曲，请幼儿欣赏。

师：今天老师带来一首好听的歌曲，它的名字就是《春天》，我们用小耳朵仔细听一听，歌曲里都有谁？

3. 教师出示图片，引导幼儿理解歌词内容。

师：杨柳树的树枝长长的，弯下腰都掉到水里了，谁能来学一学杨柳树是怎样弯腰的？

师：(教师指着图片)花开了，谁飞来了啊？蜜蜂是怎样发出"嗡嗡"声的？小白兔是怎样跳的？谁能来学一学？

4. 再次播放歌曲，教师跟唱并做动作，帮助幼儿记忆歌词内容。

师：春天天气真好，花儿都开了，杨柳树的树枝对着我们弯弯腰，蝴蝶姑娘飞来了，蜜蜂"嗡嗡"叫，小白兔一跳一跳又一跳。(歌词)

5. 教师引导幼儿学唱歌曲。

(1)教师范唱，请幼儿轻轻跟唱。

(2)教师通过自己唱前半句然后让幼儿补充后半句的方式引导幼儿学唱。

(3)逐步引导幼儿完整演唱。

活动延伸

《春天》这首歌曲的歌词简单明了，朗朗上口。教师可以在户外活动时、过渡环节中鼓励幼儿歌唱。此外，教师可以在春天多带幼儿去观察环境的变化，请幼儿找一找春天的小草、小花、小鸟等，并鼓励他们表达自己的发现。

(阳小云)

活动二：桃花朵朵开（美术）

活动目标

1. 学习使用拓印的方法作画。

2. 喜欢观察春天不同的花。

活动准备

1. 物质准备：桃花的照片、大大小小的矿泉水瓶、水粉颜料、抹布、裁成（0.6米×1米）长条状的薄塑料布等。

2. 经验准备：曾欣赏过桃花。

活动过程

1. 谈话导入，激发幼儿参与活动的兴趣。

师：春天到了，花儿都开了，我们一起来看一看都有什么颜色的花儿。

教师播放视频，引导幼儿感知春天花开美丽的样子。

2. 教师出示操作材料，请幼儿观察。

师：之前我们用小手掌画画，今天我们要用小朋友常常见到的材料作画，它就是矿泉水瓶。今天我们不在纸上画画，我们要在这个大大的塑料布上画画哦。

3. 教师示范操作，请幼儿尝试并说明注意事项。

师：我喜欢粉色，我要做一朵大大的粉色的桃花。我先将这个矿泉水瓶瓶底蘸满颜料，再在塑料布上使劲按，嘴里可以数"1，2，3"，之后抬起矿泉水瓶。

师：看看，我的桃花就画好了，小朋友注意在用矿泉水瓶蘸颜料时一定要蘸满整个底部，这样桃花花瓣才更加完整、好看。

教师介绍大小不一的矿泉水瓶，提示幼儿可以用大小不同的矿泉水瓶作画。教师邀请感兴趣的小朋友来进行尝试，关注幼儿可能会出现的问题。

师：刚才老师用大矿泉水瓶做出了一朵大大的桃花，×××小朋友用小矿泉水瓶做了一朵小小的桃花。我们选的颜色也不一样，一会儿小朋友在做的时候，可以用自己喜欢的颜色来制作桃花。

4. 幼儿自由操作，教师巡回指导。

请幼儿分别坐在塑料布的两侧进行拓印。

（1）注意提醒幼儿如果要换色，需要把矿泉水瓶瓶底在抹布上擦一擦。

（2）提醒幼儿可以让花朵充满整个画面。

（3）提前画好的小朋友可以去盥洗室洗手。

5. 教师点评幼儿作品，并将作品挂在班级中进行展示。

活动延伸

拓印是低龄阶段幼儿非常喜欢的艺术创作形式。结合不同的主题，教师可以用其他生活材料开展拓印画的活动，让幼儿感知使用不同材料拓印后的艺术效果和变化。

（张凯鸽）

活动三：独木桥(体育)

活动目标

1. 尝试在低矮的平衡木上行走。

2. 发展平衡能力。

活动准备

1. 物质准备：空旷的场地，高20厘米、宽15～20厘米的平衡木2～3组，沙包若干(用来假扮蘑菇)。

2. 经验准备：幼儿有沿着线走路的经验，或有在马路边行走的经验。

活动过程

1. 热身准备。

师：小朋友们，今天天气真好，跟着老师一起来运动一下吧。

教师带领幼儿利用儿歌活动身体的各个关节。

2. 教师设计情境，引出活动内容。

师：今天老师要带着小朋友们完成一个小任务，帮助兔妈妈走过独木桥去采蘑菇。这个独木桥有点窄，我们怎样走过去呢？现在来看看老师是怎样顺利过桥的，小朋友们要仔细看哦。

(教师在代入情境时请配课老师摆好活动材料。)

3. 教师边示范边讲解走平衡木的要领。

师：双脚走上独木桥，张开手臂开飞机；两只脚一前一后交替，慢慢走过独木桥，我是勇敢的小宝宝。

4. 幼儿尝试走平衡木，教师用儿歌提示幼儿走平衡木的要领。

师：现在请小朋友们排好队，一个跟着一个走，慢慢地走过独木桥去帮助兔妈妈采蘑菇吧。

在幼儿熟练之后可鼓励幼儿尝试从桥上走过去并跳下。

5. 放松游戏。

教师带领幼儿拍拍腿，做放松运动。

活动小结

在最初走平衡木时，教师可以根据幼儿走平衡木时的表现给予不同的保护策略。对于有能力但胆小的幼儿，教师可以给予一个手指的协助；对于能力弱的幼儿，教师可以扶幼儿的腋下，给予其一定的辅助，让幼儿在有充分安全感的情况下进行尝试，并鼓励幼儿不用教师协助自己尝试。

(安妮)

第二周活动案例

活动一：《汤姆走丢了》(语言)

活动目标

1. 知道外出时要紧跟大人，不离开。

2. 初步建立安全意识。

活动准备

1. 物质准备：故事《汤姆走丢了》的音频、哭声、布娃娃。

2. 经验准备：有外出的经验。

活动过程

1. 教师播放布娃娃的哭声，引起幼儿的注意。

师：小朋友们听，这是什么声音？（原来是布娃娃哭了。）

师：咱们一起问问布娃娃为什么哭呀？

师：原来是布娃娃在出去玩儿的时候找不到妈妈了。这可怎么办呢？小朋友们快想想应该怎么办呢？

请幼儿根据自己的生活经验自由回答。

师：小兔子汤姆也走丢了，我们来看看他是怎样找到自己妈妈的？

2. 教师出示故事《汤姆走丢了》的电子课件，边讲述故事边和幼儿一起讨论。

师：汤姆为什么走丢了？妈妈在去商场前跟汤姆说了什么？

师：汤姆在商场里面碰见了谁？他去找谁帮自己找妈妈？汤姆想起爸爸曾经跟他说过如果走丢了应该怎么办。最后是谁帮助汤姆找到了妈妈？

教师小结：如果外出一定要紧跟着家人，如果走丢了应该在原地等候不要乱走，或者找警察、保安叔叔，以及其他穿工作服的叔叔阿姨寻求帮助。

3. 教师引导幼儿帮布娃娃想办法。

师：谁能告诉布娃娃，怎样才能找到妈妈？

幼儿和教师一起说出帮布娃娃找妈妈的方法。教师根据故事内容重点强调不走丢的方法。

活动延伸

有基本的安全意识也是幼儿需要掌握的内容。教师可以引导幼儿在娃娃家进行角色扮演，巩固幼儿的成长经验，提升安全意识。

（阳小云）

🚲 活动二：彩虹伞(体育)

活动目标

1. 在游戏中尝试听口令做动作。

2. 锻炼反应能力和身体协调能力。

活动准备

1. 物质准备：彩虹伞、音乐。

2. 经验准备：认识彩虹伞。

活动过程

1. 教师将彩虹伞平铺到地上，引导幼儿发现彩虹伞的特点。

师：我们一起看看彩虹伞是什么形状的？有哪些颜色？

教师带领幼儿围着彩虹伞转着走，边走边说儿歌："彩虹伞、彩虹伞，红黄蓝绿真好看，我们一起做游戏，健康宝宝就是我。"

2. 教师创设情境，带领幼儿听指令玩游戏。

(1)找颜色的游戏。

教师组织幼儿分散站在彩虹伞周围。

师：红色在哪里？用你的小手指一指。黄色在哪里？用你的小手指一指。

师：现在我们玩一个找颜色的游戏，老师说到什么颜色，你们就快速跑到这个颜色上，跑的时候注意安全，不要撞到别的小朋友。

教师随机说出几种颜色，让幼儿根据教师的提示跑到相应的颜色上。

(2)彩虹伞舞起来。

师：在彩虹伞的边上有小把手，请小朋友们用手抓住小把手。我们要让彩虹伞转起来。

师：我们抓起彩虹伞，一起往上举。

师：看，彩虹伞飞起来了，我们再让彩虹伞降下来。

教师带领幼儿一起让彩虹伞跟随节奏往上飞，再往下落。

师：现在我们要飞起来啦，慢慢地用双手举起彩虹伞。

师：飞得太高啦，慢慢降落。

(注意口令切换的速度不能过快，给幼儿反应时间，重复多次，在幼儿熟悉后再逐渐加快速度。)

师：忽然刮起了大风，我们的彩虹伞飞不稳抖起来了！

教师带幼儿尽情抖动彩虹伞。

师：彩虹伞飞累了，要降落了，小朋友们慢慢地将它放到地上松开手。我们也要回家啦。

3. 教师带幼儿调整呼吸，做放松活动。

活动小结

彩虹伞游戏是托班幼儿极为喜欢的活动之一。他们喜欢在彩虹伞下跑来跑去，钻来钻去，去感受半封闭环境中的多彩。借助彩虹伞幼儿可以玩的游戏有很多，教师可以带领他们进行多次尝试和体验。

（赵玥莹）

🚗 活动三：好玩的滚珠画（美术）

活动目标

1. 尝试用滚动玻璃球的方法作画。
2. 观察和感知色彩的变化。

活动准备

1. 物质准备：A4白纸每人一张、玻璃球每人一颗、小勺每人一个、小筐每人一个、盛好红黄蓝三色颜料的盘子每人一份、抹布每人一块、罩衣每人一件。
2. 经验准备：认识红黄蓝三种颜色。

活动过程

1. 教师展示滚珠画作品，引发幼儿的兴趣。

师：小朋友们看看这幅画漂亮吗？它上面有很多彩色的线，是用小玻璃球画出来的，你们想玩吗？

2. 教师出示绘画材料，介绍操作方法。

师：我们今天要用到玻璃球和颜料，玻璃球很小很容易乱跑，小朋友一定注意不要把它弄丢哦。我们先拿一个玻璃球放在你喜欢的颜料中，用小勺翻动几下，然后把它舀起来放在铺好白纸的小筐里，双手握住小筐两边左右晃动，让玻璃球滚起来，小球在白纸上留下了各种颜色。看一看，红色和黄色混到一起，变成什么颜色了？接下来，请小朋友穿上罩衣，自己试试看吧。

教师引导幼儿观察玻璃球滚动的方向和球在白纸上留下的痕迹。当玻璃球上没有颜料时，用小勺将球舀到抹布上擦拭，然后再放到另一种颜色的颜料中。

3. 幼儿自主操作，教师分组指导。

指导要点：

(1)鼓励幼儿自主选择颜料大胆创作，鼓励幼儿表达他们的发现；

(2)引导幼儿关注白纸上的混色现象，感知色彩的变化；

(3)鼓励幼儿自己舀玻璃球，关注幼儿在使用玻璃球时的安全，必要时给予协助。

4. 教师分享点评，鼓励幼儿介绍自己的作品。

活动小结

滚珠画是一个非常简单但又有趣的美术活动。教师引导幼儿观察小球滚动的方向和白纸上留下的痕迹，可以发展幼儿的手眼协调能力和视觉追踪能力，这也是一个非常适宜在家庭中进行的亲子活动。

（金菁）

第三周活动案例

活动一：会跳舞的线(体育)

活动目标

1. 能动作协调地沿着线走。

2. 尝试控制自己的身体，锻炼平衡能力。

活动准备

1. 物质准备：长度为一米左右的、宽度不同的彩绳，以及彩色粉笔。

2. 经验准备：有沿着线走路的经验。

活动过程

1. 教师出示彩绳，引发幼儿的兴趣。

师：这是一条彩绳，还是一条会跳舞的绳子！

教师发给每个幼儿一条彩绳，引导幼儿甩动彩绳，感受彩绳的流动性。

2. 教师播放音乐，引导幼儿跟随音乐舞动彩绳，欣赏并感受音乐的旋律。

师：现在我们跟着音乐，让手中的彩绳伴随音乐跳舞，看看谁的彩绳会跳舞。

引导幼儿每人拿一根彩绳跟随音乐跳舞，感受彩绳在手中高高低低甩动的乐趣。

师：现在音乐要停了，小朋友们可以找一个地方，让你们的彩绳落到地上。一会儿我们可以沿着落下的彩绳走走看，走的时候试着用脚尖找脚跟，两只小脚都踩在线上。

3. 玩游戏：跟着线走。

教师用粉笔在户外场地画不同的线，引导幼儿玩沿着线走的游戏。

活动延伸

教师可以根据班内幼儿的特点，将布或彩带裁剪成不同长度、不同宽度的彩绳，让幼儿在区域活动时自主进行走线游戏，借此让幼儿学会平衡身体、控制身体。

(滕瑾)

活动二：《好饿的毛毛虫》(语言)

活动目标

1. 知道毛毛虫会变成蝴蝶的过程。

2. 愿意听故事并回应教师的提问。

活动准备

1. 物质准备：图画书《好饿的毛毛虫》及其电子课件，扭扭毛毛虫，与图画书相对应的自制水果卡片(一个苹果、两个梨、三个李子、四个草莓、五个橘子)。

2. 经验准备：认识毛毛虫和图画书里面的水果。

活动过程

1. 出示图画书，引入活动。

师：今天老师给小朋友们带来了一本好看的图画书《好饿的毛毛虫》，这本书的封面上有什么？毛毛虫的身体是什么样的？

2. 出示电子课件，有感情地讲述图画书。

3. 再次观看电子课件，通过简单问答，幼儿初步了解毛毛虫变蝴蝶的过程。

师：叶子上面有一个白白的茧，小朋友们把眼睛闭上。哇！白白的茧里变出了一条小小的毛毛虫。毛毛虫的肚子好饿呀，它要出去找一些东西来吃。

师：星期一它找到了什么？（苹果。）它吃了几个苹果？（一个。）到了晚上，毛毛虫的肚子又好饿，那它还会去找东西吃吗？

教师引导幼儿模仿说星期一毛毛虫找了一个苹果吃，肚子还是好饿。

星期二、星期三、星期四、星期五的内容提问同上，可以让幼儿数数毛毛虫分别吃了几个。

师：星期六毛毛虫吃了好多东西，都有什么？我们一起看一看。吃了这么多东西，它的肚子会怎么样？

师：星期日毛毛虫又吃了什么？肚子觉得怎么样？

师：毛毛虫造了一个房子，它在里面干什么？睡醒以后它变成了什么？

4. 教师用水果卡片演示故事内容，完整地讲述故事情节。

(1)讲到星期一毛毛虫吃苹果时，教师让扭扭毛毛虫穿过带洞的苹果。

(2)毛毛虫变成茧时，教师引导幼儿蜷缩身体模仿蛹在茧里面睡觉的样子。

(3)毛毛虫变成蝴蝶了，教师带领所有幼儿模仿蝴蝶飞舞到室外，活动结束。

活动延伸

1. 可以将图画书放在书柜里，让幼儿在过渡环节中自由阅读。

2. 可以将水果模型、图画书和毛毛虫卡片投放在教室中，供幼儿自主操作和讲述。

（阳小云）

🐛 活动三：毛毛虫(美术)

活动目标

1. 练习把彩泥团揉成圆的动作技能。

2. 喜欢手工活动，体验成功的乐趣。

活动准备

1. 物质准备：彩泥、毛根、牙签(把尖剪掉或者用小棍代替)、垫板、树叶形状的绿卡纸。

2. 经验准备：认识毛毛虫，熟悉关于毛毛虫的儿歌。

活动过程

1. 出示已做好的毛毛虫，引发幼儿的兴趣。

师：这是什么？毛毛虫的身体是什么样的？

教师小结：毛毛虫的身体是用圆圆的彩泥球连接组成的，一节一节的，有很多脚。

2. 教师出示材料并展示毛毛虫的制作方法。

(1)教师出示彩泥，请幼儿捏一捏，问一问幼儿的感觉以及彩泥都有什么颜色。

(2)教师拿一小块彩泥放在垫板上来回团揉，一个球就团揉好了，团好后一个挨一个地放在一起，用毛根制作触角，用牙签做毛毛虫的脚。

教师请幼儿再次观察毛毛虫的身体，然后邀请幼儿制作毛毛虫。

3. 幼儿操作，教师巡回指导。

(1)把彩泥放在垫板上团揉。

(2)提醒幼儿一次不要取太多彩泥。

(3)鼓励幼儿根据自己的喜好大胆选颜色。

(4)提示幼儿尽量依次挨着摆放一个个团揉好的小球。

(5)强调插小棍的时候注意安全。

4. 展示作品，体验成功的快乐。

师：你们的小手真能干，一会儿就把毛毛虫都做好了。毛毛虫的肚子好饿呀，你们能给毛毛虫找点吃的吗？你们知道毛毛虫最喜欢吃什么吗？

教师带领幼儿把制作好的毛毛虫放在绿色的大叶子上面，放在美工区进行展示。

(阳小云)

4/月

第四周活动案例

活动一：《想吃苹果的鼠小弟》(语言)

活动目标

1. 了解故事中小动物的不同本领。

2. 喜欢听故事，初步理解故事内容。

活动准备

1. 物质准备：书中小动物的图片、图画书《想吃苹果的鼠小弟》及其电子课件。

2. 经验准备：认识书中的小动物。

活动过程

1. 教师带领幼儿回忆儿歌《小老鼠上灯台》，引出主题。

师：小朋友还记得儿歌《小老鼠上灯台》吗？"小老鼠，上灯台，偷油吃，下不来。喵喵喵，猫来啦，叽里咕噜滚下来。"

师：滚下来的小老鼠去哪里了呢？(出示图画书封面)哇，小老鼠藏到书里面了。你发现它在哪里了吗？它叫鼠小弟，我们一起和它打个招呼吧。

师：书上面除了鼠小弟，你还看见了什么？接下来你会发现怎样有趣的故事呢？我们一起来看看吧。

2. 教师讲述故事内容，引导幼儿初步理解故事内容。

(1)出示第一张"小鸟摘苹果"图。

师：叽——叽——叽，快看看，这么香的苹果引来了谁？

师：小鸟摘到苹果了吗？它是怎样摘到的？

教师小结：小鸟是飞到树上摘到苹果的，我们学着小鸟飞一飞。

(2)教师以相同的形式引导幼儿观察图片，鼓励幼儿大胆表达自己的发现。

师：接下来，香香的苹果又引来了谁？它是怎样摘到苹果的？

教师引导幼儿说一说小猴子会爬树、大象会用长鼻子够苹果的本领。

(3)教师重点讲述小海狮摘苹果一图，感受朋友间互帮互助的快乐。

师：鼠小弟看着别的小动物都摘到了苹果，它有些伤心了。这时候，谁来了？

师：这一次鼠小弟能吃到苹果吗？是谁帮助了它？

教师小结：海狮帮助鼠小弟爬上树，它们一起合作，最终鼠小弟摘到了苹果，也分给了海狮一个苹果，鼠小弟好开心。

3. 教师出示小动物的图片，引导幼儿回忆故事内容，复习故事中所有小动物的本领。

师：老师今天把故事里的小动物都请到了我们班，小朋友们还记得它们是怎样摘到苹果的吗？

教师依次出示小鸟、小猴子、大象、海狮和小老鼠，引导幼儿说出它们是怎样摘到苹果的。

活动延伸

教师可以延伸故事内容，请幼儿猜想其他小动物，如兔子、小蛇、刺猬等会怎样摘苹果？同时丰富幼儿对动物特征的认识。

（罗婷）

🚗 活动二：《我爱我的小动物》(音乐)

活动目标

1. 愿意用好听的声音唱歌，熟悉歌曲内容。

2. 感受歌曲的旋律，体验唱歌的乐趣。

活动准备

1. 物质准备：小猫、小狗、小猪、小鸭的手偶，动物园场景图，音乐《我爱我的小动物》。

2. 经验准备：熟悉动物叫声。

活动过程

1. 练习发声，复习歌曲。

师：小朋友们今天是怎样来幼儿园的呀？今天我要变成小司机，带着你们去逛动物园了，扶好坐好我们要出发啦！

1 2｜3 4｜5 —｜5 4｜3 2｜1 —‖

（教师引导幼儿用"嘟"和"滴"来唱出音阶。）

2. 完整欣赏歌曲。

师：小朋友们认真听一听，找一找里面有哪些小动物？

教师播放小动物叫声录音，幼儿模仿。

师：喵喵喵，喵喵喵，喵喵喵喵喵，这是谁的叫声呢？跟我一起学一学。

师：汪汪汪，汪汪汪，汪汪汪汪汪，这是谁的叫声呢？跟我一起学一学。

师：噜噜噜，噜噜噜，噜噜噜噜噜，这是谁的叫声呢？跟我一起学一学。

师：嘎嘎嘎，嘎嘎嘎，嘎嘎嘎嘎嘎，这是谁的叫声呢？跟我一起学一学。

教师带领幼儿熟悉歌词内容。

3. 教师播放音乐，加深幼儿对小动物叫声的印象。

师：我们再来听一听，歌曲里面的小动物是这样唱的。

教师带领幼儿学唱，边唱边出示小动物手偶提示幼儿，帮助幼儿记忆。

活动延伸

1. 在幼儿熟悉歌曲之后，教师可以带领幼儿边唱边做相应的动作，感受小动物的声音和动作的匹配。

2. 教师可以替换歌曲中的动物，鼓励幼儿说出不同动物的叫声，尝试唱出不同的叠词声音。

（赵玥莹）

活动三：喂小动物（体育）

活动目标

1. 尝试使用不同材料进行投掷。

2. 发展上肢力量。

活动准备

1. 物质准备：沙包、纸球若干，自制小动物图片一组（张着嘴巴的和微笑的各 4 张），不同颜色的线（设置不同距离的起点线供幼儿选择）。

2. 经验准备：有一定的投掷经验。

活动过程

1. 创设情境，引发幼儿兴趣。

师：小朋友们，前面的墙上有几个饿着肚子的小动物，它们都张大了嘴巴等着我们喂好吃的呢，快来帮帮它们吧！

2. 教师出示沙包、纸球，示范投掷动作。

师：我准备了很多好吃的小馒头（先出示沙包），你们谁来试一试怎样把小馒头喂到小动物的嘴巴里？

师：我们在给小动物喂食物的时候要把手举高，举过肩膀用力扔才能喂到它们嘴巴里哦（教师边说边做示范动作）。

师：除了小馒头之外，今天老师还准备了饭团（报纸球），谁来试试给小动物喂饭团（鼓励幼儿大胆尝试）？小馒头重，饭团很轻，喂饭团的时候要更用力哦！

3. 教师组织游戏：喂小动物。

师：现在我们要开始喂小动物了，请你找老师排好队，拿到食物之后，选近一点或者远一点的线，站在线上给小动物喂食物，快来试一试吧！

教师引导幼儿分组尝试"喂小动物"，鼓励幼儿尝试在不同距离、使用不同材料投掷，观察并指导幼儿运用不同的投掷动作。

4. 教师换上小动物微笑的图片，鼓励幼儿，结束活动。

师：小朋友们真厉害！小动物吃饱了都很开心，快来跟着老师活动活动你们的胳膊和手腕，然后把"食物"送回到老师旁边的筐子里哦。

活动延伸

教师可以鼓励家长在家用废旧袜子做成"袜子炸弹"，创设情境在家玩投掷的游戏，鼓励幼儿在游戏中锻炼上肢力量。

（张凯鸽）

4/月

五月
我阅读，我快乐

月工作计划和周工作计划

五月工作计划

本月重点		1. 引导幼儿喜欢听故事，逐步养成良好的阅读习惯，能够爱护图书。 2. 愿意在教师的引导下表达自己的想法和发现。
发展目标	生活与卫生习惯	1. 能有意识地保持桌面干净，餐后知道收拾残渣、自己擦嘴、收椅子、漱口。 2. 了解与自己生活相关的卫生健康常识，如不用手揉眼睛、脏东西不入口、饭后要刷牙或漱口等。 3. 尝试独立小便并学习整理衣服。
	动作	1. 喜欢在垫子上自由翻滚，能灵活地手膝着地爬。 2. 喜欢探究颜料并尝试创作。
	语言	1. 喜欢听故事，愿意自己阅读图画书，对于自己熟悉的、有情节的画面内容能够简单讲述，愿意与同伴、教师一起表演故事。 2. 能逐步掌握并运用简单的词汇和句子。 3. 感知"你""我"的指代关系，基本能够正确使用。
	认知	1. 能初步尝试对熟悉的物品，如蔬菜、水果、动物等进行简单分类。 2. 在生活中认识圆形、方形、三角形并感知不同。 3. 能说出 3 以内物体的数量，并按数取物。
	情感与社会性	1. 知道母亲节，尝试用适宜的方式表达对母亲的感谢。 2. 能说出父母的姓名等简单的基本信息。 3. 能够积极地参与各种活动，并经常保持愉快的情绪。
教师指导重点		继续培养幼儿的良好生活习惯，鼓励幼儿多用语言表达自己的感受和想法。
家园配合要点		1. 天气渐热，请家长为幼儿穿合适的衣裤来园，在家给幼儿多喝水，增加活动量。 2. 鼓励家长为幼儿多讲故事，积极开展亲子阅读，培养幼儿良好的阅读习惯。

5/月

五月第一周工作计划

本周工作目标：
1. 鼓励幼儿表达自己的想法和要求，引导幼儿学说完整的话。
2. 引导幼儿观察发现身边的圆形。

	星期一	星期二	星期三	星期四	星期五
教育活动	**语言活动**：《点点点》 目标： 1. 喜欢听故事。 2. 在游戏中感知点点的颜色、数量、大小的变化。	**认知活动**：身边的"圆" 目标： 1. 能从实物和周围环境中找到圆形。 2. 愿意观察发现生活中的形状。	**体育活动**：好玩的轮胎 目标： 1. 能协调地用双手推动轮胎向前走。 2. 愿意在教师的帮助下尝试有挑战性的任务。	**美术活动**：小鱼吐泡泡 目标： 1. 能够用瓶盖拓印作画。 2. 感受色彩变化的美。	**音乐活动**：我的好妈妈 目标： 1. 知道母亲节是妈妈的节日。 2. 能够在教师的引导下跟着音乐做动作。
生活指导	1. 引导幼儿知道讲卫生的重要性，知道不用手揉眼睛、脏东西不入口等。 2. 引导幼儿尝试自己解开衣服的扣子，拉开大的拉链。				
体育游戏	集体游戏1：摘星星 目标： 1. 能双脚在原地自然地向上纵跳。 2. 增强腿部肌肉力量。		集体游戏2：把水果、蔬菜宝宝送回家 目标： 1. 练习双脚跳和手脚着地爬的动作。 2. 喜欢模仿动物的动作，乐于参与集体游戏。		
家园配合	1. 天气渐热，请家长为幼儿穿合适的衣裤来园，在家给幼儿多喝水，增加活动量。 2. 引导幼儿学习自己系扣子、自己拉大的拉链。 3. 引导幼儿观察和感知身边的圆形、方形、三角形的物体。				

5/月

五月第二周工作计划

本周工作目标：
1. 引导幼儿听故事、看图书，逐步养成良好的阅读习惯。
2. 引导幼儿在活动中感受简单的数与量的关系。

	星期一	星期二	星期三	星期四	星期五
教育活动	**语言活动**：《三只蝴蝶》 目标： 1. 能够专心倾听故事，初步了解故事情节。 2. 愿意在教师的引导下模仿故事中的对话。	**美术活动**：美丽的蝴蝶 目标： 1. 初步尝试滴染的方法。 2. 感受色彩变化的美。	**体育活动**：够蝴蝶 目标： 1. 练习原地向上纵跳够物。 2. 乐于参与体育游戏。	**认知活动**：蝴蝶找花 目标： 1. 能通过观察，依据颜色进行配对。 2. 愿意跟随教师参与游戏。	**音乐活动**：萤火虫 目标： 1. 感受音乐的优美旋律。 2. 用多种方式感受乐曲的节奏。
生活指导	1. 引导幼儿在游戏中学会轮流和等待。 2. 引导幼儿在户外活动中出汗时能主动找教师擦干，出汗多的幼儿可准备小毛巾。				
体育游戏	集体游戏1：木头人（复习） 1. 遵守游戏规则，锻炼反应能力和耐力。 2. 感受与同伴共同游戏的快乐。		集体游戏2：小青蛙捉害虫 目标： 1. 练习双脚连续跳。 2. 体验游戏的快乐。		
家园配合	1. 积极开展亲子阅读，鼓励幼儿提问和表达。 2. 引导幼儿在生活中感知简单的数与量的关系。 3. 请根据气温变化，为幼儿更换薄被。				

5/月

五月第三周工作计划

本周工作目标：

1. 引导幼儿学习用简单的语句表达自己对物体的认识。

2. 培养幼儿良好的口腔卫生习惯。

	星期一	星期二	星期三	星期四	星期五
教育活动	**认知活动**：认识西瓜 目标： 1. 初步了解西瓜的基本特征。 2. 愿意表达自己的发现。	**语言活动**：《蚂蚁和西瓜》 目标： 1. 能仔细观察画面，初步理解故事内容。 2. 愿意模仿教师做动作。	**体育活动**：切西瓜 目标： 1. 能按照教师的指令进行游戏。 2. 感受与同伴一起游戏的乐趣。	**美术活动**：颜色变变变 目标： 1. 愿意尝试用手掌蘸颜料作画。 2. 体验玩颜色的乐趣。	**语言活动**：《牙齿大街的新鲜事》 目标： 1. 初步理解故事内容。 2. 了解刷牙的重要性。
生活指导	1. 引导幼儿养成餐后漱口的好习惯。 2. 引导幼儿学习并尝试自己穿鞋。				
体育游戏	集体游戏1：跳圈游戏 目标： 1. 能听指令双脚并拢跳进或跳出圈。 2. 通过游戏体验运动的快乐。		集体游戏2：蹲地鸡 目标： 1. 练习向下蹲的动作。 2. 喜欢参加集体体育游戏。		
家园配合	1. 引导幼儿认识生活中常见的蔬菜、水果，并能按照它们的颜色、形状等明显特征进行简单分类。 2. 培养幼儿良好的口腔卫生习惯，逐步学习自己刷牙。				

5/月

五月第四周工作计划

本周工作目标：

1. 在生活和游戏中引导幼儿感知"你""我"的指代关系，当教师用"你"来提问时，幼儿能用"我"回答。

2. 引导幼儿喜欢艺术活动，愿意大胆尝试。

	星期一	星期二	星期三	星期四	星期五
教育活动	**语言活动**：《鳄鱼怕怕 牙医怕怕》 目标： 1. 能初步理解故事内容。 2. 知道保护牙齿的重要性。	**音乐活动**：《小老鼠上灯台》 目标： 1. 初步尝试用响板打节拍。 2. 体验使用乐器演奏的快乐。	**体育活动**：小兔跳圈圈 目标： 1. 练习双脚跳，锻炼下肢力量。 2. 喜欢参与体育游戏。	**美术活动**：纸团印画 目标： 1. 能通过摸、看、闻葡萄，表达自己的发现。 2. 大胆尝试用纸团印画装饰葡萄。	**社会活动**：我们的节日 目标： 1. 知道6月1日是小朋友的节日。 2. 感受节日的气氛。
生活指导	1. 鼓励幼儿不挑食，一口饭一口菜，愿意吃不同种类的食物。 2. 鼓励幼儿自己喝水，愿意多喝白开水。				
体育游戏	集体游戏1：好玩的沙包（复习） 1. 单手在肩前投掷沙包，发展协调性和手部力量。 2. 学习沙包的多种玩法。		集体游戏2：喂小动物 目标： 1. 熟练完成弯腰、下蹲再站立的动作。 2. 手眼协调地抓取物品。		
家园配合	1. 家长可为幼儿准备有意义的小礼物，祝贺幼儿的节日，让幼儿感受节日的气氛。 2. 在生活中引导幼儿感知"你""我"的指代关系，并能正确运用。 3. 帮助幼儿养成饭后漱口、每天刷牙的好习惯。及时带患龋齿的幼儿进行矫治。				

5
月

第一周·主题活动案例

《点点点》这本图画书蕴含了非常丰富的教育意义。一方面，它包含着对形状、颜色的认知，对大小、多少数量关系的感知；另一方面，其画面简洁、情节有趣、可操作，非常符合托班幼儿的年龄特点。于是我们针对图画书中点的形状和颜色两个维度设计了本次主题活动，让幼儿在操作和游戏中感知颜色、排序、大小等，拓展和延伸幼儿的兴趣与经验。主题活动目标和主题网络图（见图 4-1）如下。

主题活动目标：

1. 认识圆，能够在生活中发现圆。
2. 在游戏中认识圆并感知其能滚动的特点。
3. 认识不同的颜色，乐于探究颜色的变化。

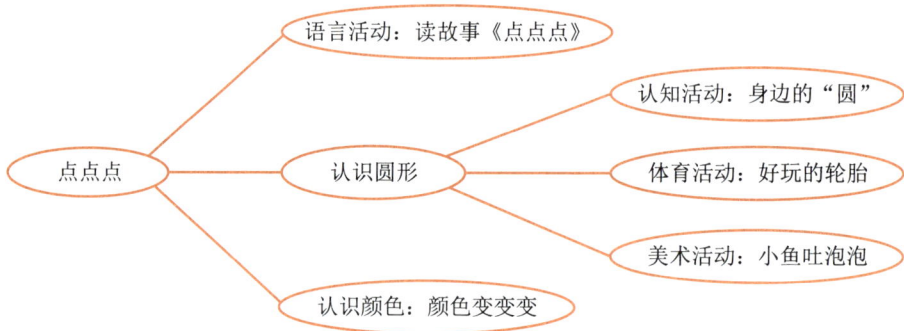

图 4-1　主题网络图

2—3 岁是幼儿语言尤其是口头语言发展的关键期，通过阅读图画书、游戏的方式与幼儿进行交流、互动有助于其词汇量的增加。但是托班幼儿的认知在很大程度上依赖于感官和动作。这一阶段的幼儿的思维大多由行动引起，他们一般先做后想，或者边做边想。因此，在这个阶段教师应该为幼儿挑选适宜的图画书，并基于图画书的情节拓展更多有体验、有操作的活动，能够让幼儿在参与的过程中促进语言、认知的发展。

此外，托班幼儿产生了艺术表征的愿望，正处于涂鸦期。他们表现的意愿较强，喜欢尝试各种材料，常常边画边用语言来补充画面内容；他们偏爱鲜艳、饱满的色彩；表征的过程充满了幼儿的想象与创作。因此，教师提供适宜的材料支持幼儿的艺术探究和创作就显得非常重要。

《点点点》——这是一本非常适合托班幼儿的图画书，里面的画面简单、生动，充满游戏性。教师借助多媒体动画让画面"活"起来，让幼儿参与到与点点变魔术的过程中，让幼儿在游戏中感知点点的颜色、数量、大小的变化。

"身边的'圆'""好玩的轮胎""小鱼吐泡泡"——这三个活动都是为了让幼儿认识圆

形。托班幼儿的学习不能脱离他们的生活经验，从幼儿熟悉的环境入手能帮助他们理解圆形，通过操作和体验更能让他们对“圆”的特征有深入感知。

“颜色变变变”——这是一个让幼儿充分“玩颜色”的活动，将幼儿对手的感知与美术活动相连接，让幼儿以手代笔作画，充分体验颜色的美，并在游戏中发现颜料混色后的变化。

活动一：《点点点》(语言)

活动目标

1. 喜欢听故事。

2. 在游戏中感知点点的颜色、数量、大小的变化。

活动准备

1. 物质准备：图画书《点点点》及其电子课件、塑封(透明)盒子、三种颜色的点点圆片若干。

2. 经验准备：认识圆形和三原色，会玩“萝卜蹲”的游戏。

活动过程

1. 教师展示电子课件，请幼儿观察。

师：今天老师请来了三个好朋友跟大家一起做游戏，你们看看它们是什么形状的、什么颜色的？

2. 教师根据动画提问，引导幼儿跟点点做游戏。

师：黄色的圆点点要变魔术了，谁愿意来按一下？看看会发生什么？(请一个幼儿上前尝试)按了一下变成了两个，再按一下呢？

师：刚才点点变多了，现在我再请一个小朋友来按一下，看看点点还会怎样变魔术！轻轻点一下左边的黄点，看看它变成了什么颜色？再试试最右边的？

师：刚才点点变了颜色，现在我要请一个小朋友试试按五次黄色的点点会有什么变化？(邀请一个小朋友上前尝试，教师引导大家一起尝试数数)再按按红色的？再按按蓝色的？

3. 出示装有圆片的塑封(透明)盒子，请幼儿参与游戏。

师：刚才小朋友们变出来了好多点点。点点们很调皮，它们从大屏幕里面跑出来，藏在了一个盒子里，刚才它们还都排着队呢，老师轻轻一摇它们就换位置了，谁还想来摇一摇？

请幼儿随意摇晃盒子，观察点点的位置变化。

师：现在我请小朋友把点点往盒子的一边摇一摇，看看点点会怎么样？(点点都聚到盒子的一边去了。)

4. 教师继续使用电子课件，引导幼儿参与游戏。

师：调皮的点点又回到大屏幕上了。请小朋友们闭上眼睛，我们一起来数五个数，看看点点这次又变了什么魔术？

师：哇，点点排队了，跟我们小朋友一样，一个跟着一个。我请一个衣服上有黄色的小朋友上来按一按黄色的点点。

师：（助理教师配合关灯。）哎呀，天黑了，只剩下黄色的点点了。我们再按一按黄色的点点看看能不能把其他点点请回来？（助理教师配合开灯。）

师：五颜六色的点点真有点像彩虹，你们吹口气看看点点能不能变成彩虹？（展示点点变成彩虹的幻灯片。）

5. 教师引导幼儿通过拍手让点点变大。

师：刚才点点会变多变少，会变颜色，还会排队，那点点还会变什么魔术呢？小朋友们伸出你的双手，用力拍手，看看点点还会怎么变？

师：点点变大了！再拍一次，再多拍几次呢？哇，点点越来越大了，再拍一次会怎么样？

6. 教师发给每个幼儿一个圆片，玩"颜色蹲"的游戏。

师：现在小朋友们和老师都变成不同颜色的点点啦，请你用小眼睛找一找跟你有同样颜色点点的老师，并和她站在一起。下面我们玩一个"颜色蹲"的游戏，说到哪个颜色，对应颜色的小朋友就要蹲下去哦！

教师示范："黄色蹲，黄色蹲，黄色蹲完红色蹲……"

教师按照颜色分组请幼儿依次洗手、喝水，自然结束活动。

活动延伸

教师可以借助三种颜色的圆片组织幼儿玩分类、排队等游戏。

（金菁）

🚃 活动二：身边的"圆"（认知）

活动目标

1. 能从实物和周围环境中找到圆形。

2. 愿意观察发现生活中的形状。

活动准备

1. 物质准备：圆形卡片、一块毯子、照相机、圆形物品的图片。

2. 经验准备：认识平面的圆。

活动过程

1. 教师出示圆形卡片，请幼儿观察。

师：小朋友们，你们看看老师手中的卡片是什么形状的？

师：我们的教室中藏着好多的圆形宝宝，我要请你们帮我找一找，看看谁的眼睛最会观察，能找到不同的圆形宝宝。

2. 教师出示地毯，说明活动要求，引导幼儿在教室内寻找圆。

师：一会儿请小朋友们在班级里找一找哪些地方藏着圆形宝宝，如果是好拿的东西，请你拿过来放在老师的地毯上，如果是不能移动的就请老师帮你拍照。

幼儿开始在教室中寻找圆形宝宝，教师观察、引导并帮助幼儿记录。

3. 教师整理幼儿的发现，进行集体分享。

师：哪位小朋友愿意和大家分享一下你找到的圆？你是从哪里找到的？

师：生活中还有哪些东西是圆形的？

教师分享照片，帮助幼儿梳理经验，活动结束。

活动延伸

教师可以带着幼儿到户外寻找圆形物体，也可以布置任务请幼儿在回家的路上、家里找圆形。请家长协助，并记录幼儿的发现，幼儿可将圆形物体的图片带到幼儿园和大家分享。教师在这个过程中需要鼓励幼儿主动寻找，并愿意向教师和其他幼儿表达自己的发现。教师要关注幼儿的差异，帮助幼儿一起寻找圆。

（金菁）

活动三：好玩的轮胎(体育)

活动目标

1. 能协调地用双手推动轮胎向前走。

2. 愿意在教师的帮助下尝试有挑战性的任务。

活动准备

1. 物质准备：小号塑料轮胎、适宜的场地。

2. 经验准备：幼儿能够抬起轮胎。

活动过程

1. 教师带领幼儿做准备活动。

师：(教师带着幼儿边说儿歌边做动作)"小手小手点点头，小手小手转一转，小脚小脚点点头，小脚小脚转一转，小脚小脚跳一跳。"

2. 教师展示双手推动轮胎的方法。

师：之前小朋友们都发现了这里户外的轮胎都是圆圆的，今天我们就来跟圆圆的轮胎做游戏。我们需要用双手用力把轮胎抬起来，双手推动轮胎，让轮胎滚动起来。轮胎向前滚动的时候，小朋友们要跟着轮胎往前走，边走边用双手推动轮胎。

3. 教师带领幼儿推滚轮胎。

师：小小轮胎队出发啦。

指导要点：

(1)鼓励幼儿独自把轮胎抬起来；

(2)关注幼儿推动轮胎的方法；

(3)教师帮助个别不会推轮胎的幼儿一起推滚轮胎向前走。

4. 游戏结束，放松休息。

师：小朋友们把轮胎放倒，坐在轮胎上休息一下，捏捏自己的胳膊和腿。

（晋玉波）

5月

活动四：小鱼吐泡泡(美术)

活动目标

1. 能够用瓶盖拓印作画。

2. 感受色彩变化的美。

活动准备

1. 物质准备：大小不一的瓶盖若干、水粉颜料、画有小鱼的纸张、教师的作品《小鱼吐泡泡》、围裙。

2. 经验准备：幼儿之前做过拓印画。

活动过程

1. 教师出示作品《小鱼吐泡泡》，激发幼儿参与活动的兴趣。

师：这些小鱼在干什么？泡泡是什么形状的？这幅画叫《小鱼吐泡泡》瓶盖拓印画，小朋友们想不想一起来试一试？

2. 教师展示操作材料并示范拓印方法。

师：今天小朋友们需要用到瓶盖、水粉颜料、白纸、抹布。下面老师来展示拓印的方法，请小朋友们仔细看。

(1)用大拇指和食指捏住瓶盖，在自己喜欢的水粉颜料盘中蘸一下。

(2)把蘸有颜料的瓶盖慢慢拿起来。

(3)把瓶盖轻轻地放在带有小鱼图案的纸上，使劲按一下，再轻轻地拿起来。

(4)可以选择大小不同的瓶盖蘸不同颜色的颜料。

3. 教师分发材料，鼓励幼儿开始独立创作。

指导要点：

(1)鼓励幼儿选择大小不同的瓶盖进行拓印；

(2)蘸颜料的时候，要轻轻拿起瓶盖；

(3)拓印时要一下按在纸上，拿起瓶盖后，再在另一个地方拓印。

4. 教师展示幼儿的作品并请幼儿一起欣赏。

教师把晾干后的幼儿的作品粘贴在作品墙上，鼓励幼儿介绍自己的作品，引导幼儿相互欣赏。

(晋玉波)

活动五：颜色变变变(美术)

活动目标

1. 愿意尝试用手掌蘸颜料作画。

2. 体验玩颜色的乐趣。

活动准备

1. 物质准备：红、黄、蓝三种可洗颜料，A3 大白纸，抹布。

2. 经验准备：见过颜料，有触摸颜料的经验。

活动过程

1. 教师以手指游戏"我的小手变变变"导入游戏。

师：小朋友们，我们的小手不仅可以变成小动物，还可以变成画笔来画画。你们想不想成为用手作画的大画家？看！老师要变成大画家啦！

2. 教师展示颜料，引导幼儿观察。

师：今天老师带来了一个神奇的宝贝，它可以帮助我们的小手画画，它就是颜料。老师把颜料挤在手心里，现在看看我要做什么？

教师双手相对，揉开颜料，再用按、抹的方式随意在大白纸上涂抹，并给幼儿介绍涂抹的多种方式。

师：可以把你的小手在纸上按一按，也可以抹一抹，还可以点一点，或者你还想怎样做？都可以试一试！

3. 教师为幼儿穿好围裙，做好手指画的准备，请幼儿尝试。教师巡回指导。

师：小朋友们现在可以选一个你们自己喜欢的颜料，然后把颜料涂在手心里作画。你也可以在手上挤上不同颜色的颜料，试试会有什么变化？

(1)引导幼儿大胆涂抹颜料，用手随意在纸上画画、按压和涂抹。

(2)如果有的幼儿觉得颜料涂在手上有异物感，可以提示他先用手指点，等适应了之后再用双手涂抹的方式进行。

(3)换颜料时可以用抹布擦掉，也可以直接换颜料，感受混色的神奇。

4. 分享作品，鼓励幼儿大胆表达自己的发现。

师：哇，你们的作品太棒了，谁来介绍一下你的作品，告诉我们你的画上有哪些颜色？你的作品像什么？

教师引导幼儿与大家一起分享作品，选择合适的空地将作品放好、晾干，请画完的小朋友去盥洗室洗手。

活动延伸

幼儿对玩颜色充满着兴趣。教师还可以通过喷画、扎染、滴染等，让幼儿借助不同材料感知颜色的变化。

（安妮）

第二周活动案例

活动一：《三只蝴蝶》(语言)

活动目标

1. 能够专心倾听故事，初步了解故事情节。

2. 愿意在教师的引导下模仿故事中的对话。

活动准备

1. 物质准备：图画书《三只蝴蝶》及其电子课件，图片（和幼儿人数相等的红蝴蝶、黄蝴蝶、白蝴蝶，以及红花、黄花、白花、太阳的图片各一张）。

2. 经验准备：见过蝴蝶，认识蝴蝶，喜欢听故事。

活动过程

1. 教师出示蝴蝶，引发幼儿的兴趣。

师：今天我们班飞来了三只蝴蝶，这三只蝴蝶都是什么颜色的（红、黄、白）？

师：老师要给你们讲一个好听的故事，故事的名字就叫《三只蝴蝶》。我们一起来听听这三只蝴蝶发生了什么有趣的事情呢？

2. 教师出示图书，引导幼儿观察书的封面。

师：封面上有几只蝴蝶？它们都是什么颜色的？

3. 教师带有感情地完整讲述故事，并结合图片帮助幼儿理解故事内容。

4. 教师利用电子课件引导幼儿回答并初步学说里面的短句。

师：故事的名字叫什么？故事中都有谁？（在幼儿回答问题有困难的时候，教师可以用图片进行引导。）

师：三只蝴蝶是怎样向三位花姐姐求助的？三位花姐姐是怎样回答的？三只蝴蝶又是怎样回答的呢？（教师富有感情地把这三次对话讲出来。）

教师引导幼儿尝试说出"我们三个好朋友，相亲相爱不分手，要来一起来，要走一起走"。

教师总结：这三只蝴蝶太有爱了，谁都不想离开谁，在它们遇到困难的时候太阳公公还帮助了它们，我们小朋友也应该向它们学习。

5. 结束活动：游戏"我是一只小蝴蝶"。

师：蝴蝶好想到外面的花园里去游戏呀，你们愿意当一只蝴蝶吗？老师这里有好多漂亮的蝴蝶，小朋友们可以选一只喜欢的蝴蝶用双面胶把它贴在身上，像蝴蝶一样飞到外面去玩吧！

活动延伸

第一次给托班幼儿讲这本书时，教师可以引导他们初步学说里面经典的对话："我们三个好朋友，相亲相爱不分手，要来一起来，要走一起走。"其他的对话可以在后期延伸。故事可以在日常过渡环节中反复讲述。待幼儿大概熟悉故事内容后，教师可以利用道具带领幼儿表演故事。

（阳小云）

🚐 活动二：美丽的蝴蝶（美术）

活动目标

1. 初步尝试滴染的方法。

2. 感受色彩变化的美。

活动准备

1. 物质准备：红、黄、蓝三色颜料，滴管，和幼儿人数相等的用宣纸制作的蝴蝶纸样，垫板（可用报纸代替），抹布。

2. 经验准备：认识蝴蝶。

活动过程

1. 教师展示蝴蝶示范画，引出主题。

师：猜猜这个漂亮的蝴蝶是怎样做出来的？

2. 教师出示滴染画的材料，并演示制作方法。

教师先展示滴管，再请幼儿自主探索滴管的使用方法。

师：今天我们要认识一种新的绘画工具，这个漂亮的蝴蝶就是用它画出来的。它的名字叫滴管。滴管最底下有一个小洞洞，上面有一个鼓起的小球。用大拇指和食指用力捏瘪小球，并把滴管的下端放入水里，一松手就能把水吸起来了，请小朋友们自己试一试。

教师演示滴染画的制作方法。

师：现在老师要用滴管制作漂亮的蝴蝶了，请小朋友们仔细看。首先取出蝴蝶纸样，对折放在垫板上，然后用滴管吸取自己喜欢的颜料水，再把颜料水滴在蝴蝶上，打开纸样，漂亮的蝴蝶就做好了。

请个别幼儿进行尝试，教师根据幼儿的操作情况补充说明注意事项。

3. 幼儿尝试操作。教师分组指导，重点引导幼儿学习滴染的方法，感知滴染画的特点。

（1）鼓励幼儿大胆选色，并正确使用滴管。

（2）指导幼儿在滴染的过程中要慢一些，观察颜料在宣纸上的变化，混色后鼓励幼儿观察两种颜色在一起时发生的变化。

（3）指导幼儿在没有颜色的地方滴染。

（4）完成后帮助幼儿打开滴染画并晾在报纸上，体验成功的快乐。

（5）幼儿在手脏了时能用抹布擦一擦，并能协助教师收拾美工用品。

4. 教师展示幼儿作品，请幼儿相互欣赏并分享感受。

师：都有什么颜色的蝴蝶？你最喜欢哪幅作品？为什么？

活动小结

幼儿第一次使用新材料进行美术活动，会对滴管的使用很感兴趣，但也会在操作中出现一些问题，需要教师鼓励幼儿尝试和体验并给予个别指导。引导幼儿在创作过程中感受颜色的变化，同时引导幼儿控制捏吸管的强弱度、感知吸取颜料的多少和观察颜料滴在宣纸上的变化。

（阳小云）

🚗 活动三：够蝴蝶(体育)

活动目标

1. 练习原地向上纵跳够物。

2. 乐于参与体育游戏。

活动准备

1. 物质准备：在绳子上用曲别针挂许多蝴蝶图案的教具(蝴蝶背面贴着双面胶，位置有高有低)；花园背景图。

2. 经验准备：能双脚离地跳。

活动过程

1. 通过儿歌热身来活动幼儿的各个关节，使其达到基本的运动状态。

师：太阳眯眯笑，小朋友起得早，一二一二做早操，做早操。先学小鸟飞，飞呀飞呀飞，再学小兔跳，跳呀跳呀跳，学着马儿跑一跑，天天锻炼身体好，身体好!

2. 教师设置情境，引导幼儿够蝴蝶。

师：今天天气可好了，小朋友们看，那边有好多的蝴蝶，蝴蝶特别想和你们做朋友，但是这些蝴蝶都在绳子上，你们怎样才能和它们做朋友呢?

师：小朋友们要双脚跳起，在跳的时候，要双臂伸直向上够蝴蝶，再往下一拉，就够着蝴蝶了(教师示范并说明够蝴蝶的方法)。

教师请个别幼儿示范动作，并有针对性地指导。

3. 教师创设情境进行游戏。

师：花是蝴蝶的好朋友，小朋友们看，大树下面有一个小花园(展示背景图)，咱们一起飞到花园里去吧!(幼儿学着蝴蝶飞，并把蝴蝶贴在背景图上的花园里。)

根据场地可以分组进行活动。

4. 反复几次游戏后，教师对蝴蝶的高度进行适当调整，让每个幼儿都能够着蝴蝶，增加幼儿对活动的兴趣。

5. 放松后结束活动，教师带领幼儿说儿歌："蝴蝶蝴蝶身穿花花衣，飞来飞去在一起，你喜欢我来，我也喜欢你，唱歌跳舞做游戏。"

活动小结

够蝴蝶是一个具有延续性的活动。通过这一系列的活动，幼儿对蝴蝶有了更深刻的认识。教师利用游戏的形式，让幼儿积极参与到活动中去，激发幼儿对活动的兴趣。

(阳小云)

🚗 活动四：蝴蝶找花(认知)

活动目标

1. 能通过观察，依据颜色进行配对。

2. 愿意跟随教师参与游戏。

活动准备

1. 物质准备：红、黄、白三种蝴蝶（背面贴好胶带，蝴蝶的数量和幼儿一样多）；刮风的音效背景；红、黄、白三种颜色的花若干朵；篮子三个。

2. 经验准备：已初步了解故事《三只蝴蝶》，玩过捉迷藏的游戏。

活动过程

1. 教师出示蝴蝶，让幼儿初步了解配对。

师：今天老师带来了三只美丽的蝴蝶，你们看看它们都是什么颜色的？

师：美丽的蝴蝶特别喜欢漂亮的花，你们看看老师这里有哪三种颜色的花？

师：谁能帮助蝴蝶找到跟它颜色一样的花？

教师分别请三个小朋友为三只蝴蝶找到三种对应颜色的花。

2. 师生角色游戏。

(1)请幼儿从篮子里选择自己喜欢的蝴蝶贴在身上，选好以后找一个地方躲起来。

(2)三位教师分别扮演红花、黄花、白花，引导幼儿根据他们自己身上蝴蝶的颜色找到相应的花(教师)。

师：红蝴蝶，红蝴蝶，请到红花身边来。白蝴蝶，白蝴蝶，请到白花身边来。黄蝴蝶，黄蝴蝶，请到黄花身边来。

(3)请幼儿分别说一说自己是什么颜色的蝴蝶，找的是哪种颜色的花。

师：红蝴蝶找到了红颜色的花，黄蝴蝶找到了黄颜色的花，白蝴蝶找到了白颜色的花，小朋友们是不是都找到自己的好朋友了？

3. 户外模拟情境游戏。

师：今天天气真好，咱们出去玩吧。

幼儿自由活动，教师播放刮风的音频。

师：快下雨了，小蝴蝶们赶快去避避雨吧！红蝴蝶，你应该在哪朵颜色的花下面避雨呢？黄蝴蝶、白蝴蝶，你们应该在哪里避雨呀？

师：小朋友们都很棒，找到了自己的好朋友并在那里避雨，所以你们都没有被淋湿。

4. 按照颜色送蝴蝶回家。

师：小蝴蝶们都玩累了，咱们把它们送回家吧。老师这里有三个小篮子，上面标有红色、黄色、白色，现在请小朋友让你身上的蝴蝶按照颜色回到自己的家吧。

活动小结

活动源于故事《三只蝴蝶》，三种颜色没有换成三原色，还是按照故事中的颜色进行，巩固幼儿对这三种颜色的认识。游戏一开始采用了单一颜色的对应，之后教师在游戏中引导幼儿按照身上蝴蝶的颜色找对应颜色的花朵。让幼儿在活动中锻炼观察能力、记忆能力，理解"对应"的含义。

（阳小云）

第三周活动案例

活动一：认识西瓜(认知)

活动目标

1. 初步了解西瓜的基本特征。

2. 愿意表达自己的发现。

活动准备

1. 物质准备：一个大西瓜、一把水果刀、一个案板、一块抹布。

2. 经验准备：幼儿认识西瓜，吃过西瓜。

活动过程

1. 教师展示西瓜，与幼儿展开对话。

师：小朋友们认识这是什么水果吗？它是什么样子的？

师：我请小朋友上来摸一摸、敲一敲，看看你有什么发现？（鼓励幼儿大胆表达自己的感受。）

教师小结：这是一个大西瓜，它圆圆的，摸起来滑滑的。西瓜皮是绿色的，上面有条纹。小朋友们还可以推一推、滚一滚它。

2. 通过真实的切西瓜的过程，让幼儿直观感受并了解西瓜的内部特征。

师：你们都吃过大西瓜，大西瓜里面是什么样的？吃起来是什么味道的？

教师找一个合适的区域，为幼儿展示切西瓜的过程，引导幼儿仔细观察。

师：你看到西瓜的"肚子"里都有什么颜色？猜猜它们都是什么？

教师小结：西瓜的肚子里有红色的西瓜肉，又叫西瓜瓤；还有黑色的西瓜籽。

3. 幼儿品尝西瓜，活动自然结束。

师：西瓜是夏季消暑水果，它的水特别多，也特别甜。

教师组织幼儿洗手并品尝西瓜。

活动延伸

可以在美工区运用多种材料制作西瓜，也可以在户外创设情境，开展"运西瓜""搬西瓜"等主题游戏。

（罗婷）

活动二：《蚂蚁和西瓜》(语言)

活动目标

1. 能仔细观察画面，初步理解故事内容。

2. 愿意模仿教师做动作。

5/月

活动准备

1. 物质准备：图画书《蚂蚁和西瓜》及其电子课件、西瓜、沙包若干。

2. 经验准备：幼儿认识西瓜、蚂蚁。

活动过程

1. 教师与幼儿谈论西瓜，引出图画书。

师：上次我们认识了西瓜，谁还记得西瓜是什么味道的？你们猜猜如果小蚂蚁遇到了西瓜，它们会怎么做呢？现在我们一起来看看吧。

2. 教师根据电子课件引导幼儿理解故事内容。

(1)打开图画书，引导幼儿仔细观察图片，并大胆说出自己的发现。

师：你们在这张图片中看到了什么？

(2)教师有序地为幼儿讲解，用动作来解释故事中出现的动词，帮助幼儿理解。

师：小蚂蚁推不动西瓜，这可怎么办？猜猜它想了什么办法呢？(教师模仿蚂蚁做推西瓜的动作。)

师：小蚂蚁叫来了小伙伴，大家一起想了什么方法？我们一起来看看。

师：大家用铲子把西瓜肉挖出来，接着用吊篮吊起来，大家一起把它们背回家，最后西瓜被搬回家了吗？

(3)教师引导幼儿观察有西瓜皮的一页，鼓励幼儿大胆说出自己的发现。

师：红红的西瓜肉被搬回了家，看看现在还剩下了什么？小蚂蚁用西瓜皮在做什么呢？

师：小蚂蚁真能干，它们把搬不回去的大西瓜当作了大滑梯。小朋友们可以用你们的胳膊做滑梯，用小手指当小蚂蚁，一起"哧溜哧溜"滑下来。

3. 教师根据图片提示幼儿模仿动作，回顾故事内容，活动自然结束。

师：刚刚故事里的小蚂蚁想到了哪些方法来搬运大西瓜？我们来学一学。

教师播放图片，带着幼儿一起模仿推、背、铲、滑等动作，回顾故事内容。

活动小结

《蚂蚁和西瓜》是一本有趣的图画书。教师通过引导幼儿学习小蚂蚁的动作，能够进一步帮助幼儿理解故事内容，让幼儿在游戏中感受小蚂蚁的勤劳、聪明和团结。

(罗婷)

🚗 活动三：切西瓜(体育)

活动目标

1. 能按照教师的指令进行游戏。

2. 感受与同伴一起游戏的乐趣。

活动准备

1. 物质准备：一块空旷的场地。

2. 经验准备：幼儿熟悉儿歌《我是一个大皮球》《切西瓜》。

活动过程

1. 教师用儿歌组织幼儿进行热身活动。

师：我是一个大皮球，拍一拍，跳一跳，轻轻拍，轻轻跳，使劲拍，使劲跳，看谁跳得最高。

2. 游戏玩法

(1)幼儿与教师首先确定一块"西瓜地"——家。

(2)幼儿与教师一边慢慢往前走，一边嘴里有节奏地说着《切西瓜》的儿歌。

师：切切切西瓜，我的西瓜香又甜，要吃西瓜切开来。(幼儿问：切不切?)

当教师回应"不切"时，幼儿继续往前走；当教师回应"切"时，幼儿作为西瓜主人赶紧往回跑，守住西瓜地。没能成功回到西瓜地的幼儿表示被"切掉了"，可与教师共同作为"切西瓜的人"，在下一轮去切其他的大西瓜。

3. 视幼儿的兴趣增减游戏次数。

(1)在游戏开始时，为幼儿指定"西瓜地"的大小，即活动范围。

(2)游戏过程中，关注幼儿在活动中的安全。

(3)关注不爱运动的幼儿，由教师带领其一起加入游戏。

(4)在游戏过程中，可把握"走"和念儿歌的速度，逐步提升游戏的难度与趣味性。

(罗婷)

🥁 第四周活动案例

5 / **月**

🐛 活动一：《鳄鱼怕怕　牙医怕怕》(语言)

活动目标

1. 能初步理解故事内容。

2. 知道保护牙齿的重要性。

活动准备

1. 物质准备：《鳄鱼怕怕 牙医怕怕》图画书及其电子课件、鳄鱼手偶、牙医手偶或纸偶。

2. 经验准备：幼儿能专注地倾听。

活动过程

1. 教师用左手出示鳄鱼手偶，通过角色扮演引出故事主人公。

师：今天有一位小客人来到了班里，我们来看看是谁来了？我们一起来跟小鳄鱼打招呼。

师："呜呜呜呜。""小鳄鱼你怎么了？""我的牙齿好疼啊，我想去看牙医，但是牙医拿着大钳子太可怕了!"(教师边讲述故事边用手偶进行展示，引导幼儿体会小鳄鱼害怕的心情。）

2.教师用右手出示医生手偶，引出故事内容。

师：还有一位穿着白大褂、戴着白帽子的医生，也来我们班级了，大家看看他是谁？对，是牙医大夫。

3.教师借助鳄鱼和牙医手偶，完整讲述故事，引导幼儿初步理解故事内容。

4.教师出示图书并向幼儿介绍图书。

师：刚才的故事就写在了这个图画书里，我们看看这本书叫什么？

教师介绍图画书的名称，引导幼儿关注封面信息。

5.教师按顺序讲述故事，并结合重要信息播放幻灯片。

教师出示鳄鱼进入牙医诊所的图片，引导幼儿观察鳄鱼的表情。

师：鳄鱼看见牙医害怕吗？你从哪里发现的？

教师可以结合故事内容展示幻灯片，引导幼儿关注细节。

师：牙医见到鳄鱼非常害怕，鳄鱼见到牙医也非常害怕，它再也不想来诊所了。有什么办法能让鳄鱼不用再来诊所了呢？

师：小朋友们来帮助鳄鱼想一想，怎样保护鳄鱼的牙齿呢？

6.教师小结保护牙齿的方法。

师：小朋友们都太棒了，你们和牙医想的办法一样，只要我们好好刷牙，少吃糖果，多漱口，这样我们的牙齿就不容易坏。

活动延伸

带领幼儿学习《刷牙歌》

<blockquote>

小牙刷，手中拿，

上上下下刷一下，

前刷刷，后刷刷，

左刷刷，右刷刷，

咕噜咕噜漱漱嘴，

大细菌都赶走啦。

</blockquote>

（安妮）

🚗 活动二：《小老鼠上灯台》(音乐)

活动目标

1.初步尝试用响板打节拍。

2.体验使用乐器演奏的快乐。

活动准备

1.物质准备：小老鼠玩具一个、响板每人一个、《小老鼠上灯台》音乐。

2.经验准备：熟悉《小老鼠上灯台》的音乐。

活动过程

1.运用小老鼠玩具进行简单的故事导入，引出歌词并让幼儿了解歌词内容。

师：小老鼠刚刚去哪里啦？（上灯台）它去干什么了？（偷油吃）发生了什么事情？

2. 聆听歌曲，熟悉歌词和曲调。在听音乐的过程中，教师可用小老鼠玩具依次从每位幼儿的腿上"走"过。

师：这个故事变成了一首好听的音乐，我们一起来听一听吧！

3. 念唱歌曲：跟音乐拍手念一遍歌词，再唱一遍，四拍节奏。注意间奏时手不打节拍，轻轻摇动身体（教师对幼儿的提示语——摇头），尾奏时继续拍完（教师对幼儿的提示语——继续）。

师：我们跟着音乐来念一念、唱一唱吧！

4. 讲解乐器响板的使用方法，幼儿用响板和音乐尝试。可练习1～2遍。

师：响板的大嘴巴要对着老师，小牙齿要在上面哦！

活动延伸

在幼儿熟悉儿歌之后，教师可创编律动，带幼儿游戏。

唱儿歌，建议加上创编动作：

小老鼠，上灯台，偷油吃，下不来（两手弯曲在胸前，按节奏左右移动）。

喵喵喵，猫来了（双手张开做小花猫）。

叽里咕噜滚下来（两臂在胸前交替滚动，念到"滚下来"时两手拍地）。

（李睿）

🚗 活动三：小兔跳圈圈（体育）

活动目标

1. 练习双脚跳，锻炼下肢力量。

2. 喜欢参与体育游戏。

活动准备

1. 物质准备：彩色的中号圆圈、小兔头饰。

2. 经验准备：有跳的意识。

活动过程

1. 带领幼儿做准备活动。

师：（教师带着幼儿边说儿歌边做准备活动）小白兔长耳朵（上肢），吃青草（下蹲），搬蘑菇（转体），蹦蹦跳跳真可爱（跳跃）。

2. 教师将圆圈分散放在场地上，鼓励幼儿自由地玩圆圈。

师：小兔宝宝们，这里有好多的圆圈，快来玩玩吧。

3. 教师组织游戏"小兔跳圆圈"。

(1)教师将圆圈连接摆放成一个长条，示范跳圈动作。

师：好漂亮的圆圈桥呀，我们双脚并齐，跳到一个圆圈里再接着跳到下一个圆圈里，一直跳到圆圈桥的那一边。小朋友们也来试一试吧！

(2)教师带领幼儿跳圆圈。

鼓励幼儿离地跳圈。对于不会双脚跳的幼儿，教师可以拉着幼儿的手协助幼儿跳或者让幼儿走过去(关注幼儿的个体差异)。

4. 游戏结束后，圆圈可以作为分散游戏材料，请幼儿自主选择。

活动延伸

教师还可以利用不同大小的圆圈组织套圈、钻圈等游戏活动。

(晋玉波)

🚗 活动四：纸团印画(美术)

活动目标

1. 能通过摸、看、闻葡萄，表达自己的发现。

2. 大胆尝试用纸团作画装饰葡萄。

活动准备

1. 物质准备：实物葡萄一串、白色餐巾纸若干、紫色颜料每组一份(每 6 人为一组)、画有葡萄叶的 A4 纸若干张。

2. 经验准备：曾尝试过团纸团，有使用颜料的经验。

活动过程

1. 教师展示葡萄，引出活动。

(1)教师利用神秘袋导入，引发幼儿参与活动的兴趣。

师：小朋友们摸摸看，老师的袋子里面装的是什么水果？

师：一串串的，猜对啦，是葡萄。

(2)教师出示葡萄，引导幼儿观察葡萄的外形。

师：小朋友们，我们一起来看看葡萄是什么形状、什么颜色的？闻一闻有什么味道？

师：葡萄是好多个小椭圆球串在一起的，紫色的。它摸起来圆圆的、鼓鼓的，闻起来香香的。今天老师要和小朋友们一起画一串葡萄。

2. 教师讲解绘画材料后进行示范画。

师：今天我们要用纸团来印葡萄，先拿出一张餐巾纸，团成一个小纸球，在紫色的颜料盘里蘸一蘸，然后在画有葡萄叶的白纸上按一按，拿起来再换一个地方按一按，如果没有颜料了就蘸一蘸再来按，这样一串葡萄就印好了。

3. 幼儿分组进行创作，教师指导。

印的葡萄要一颗挨着一颗。颜料不能蘸太多，没有颜料往下滴就可以印了。

4. 活动结束，教师带领幼儿一起分享作品。

活动延伸

教师可以在班级的墙面上制作葡萄藤，引导幼儿将做好的葡萄剪贴好粘在墙上的葡萄藤上，欣赏成熟的葡萄。

(安妮)

六月
夏天到了

月工作计划和周工作计划

六月工作计划

本月重点		1. 感知夏季的明显特征，喜欢玩沙、玩水。 2. 熟悉并掌握幼儿园的基本生活常规，愿意主动参与活动。
发展目标	生活与卫生习惯	1. 能主动饮水，知道喝白开水对身体有好处。 2. 能自己用纸巾或手帕擦汗，知道简单的避暑常识。
	动作	1. 喜欢玩沙、玩水，学习使用工具，享受其中的乐趣。 2. 能骑三轮车或其他蹬踏类的玩具。 3. 尝试听前奏，能跟着歌曲拍节拍，愿意模仿教师跟音乐做动作。
	语言	1. 能用简单的语言讲述自己熟悉或者感兴趣的事物。 2. 能听懂大人的话并进行简单回应，会用"你""我""他"。
	认知	1. 知道常见的天气，能区分晴天、阴天、雨天、刮风天、雪天。 2. 认识夏天常见的水果。 3. 会按颜色、形状玩配对的玩具或游戏。
	情感与社会性	1. 在活动中乐于用简单的语言与同伴交往，体验与同伴一起活动的快乐。 2. 知道父亲节，能用自己的方式对爸爸表达节日祝福和爱。 3. 简单了解端午节的传统习俗。
教师指导重点		鼓励幼儿观察、感知夏季的变化，愿意在教师的引导下思考解决问题的方法。
家园配合要点		天气渐热，幼儿在家少食冷饮，多喝白开水，认真洗手，经常洗澡，预防夏季传染病。

6/月

六月第一周工作计划

本周工作目标： 1. 选择有树荫的阴凉处让幼儿锻炼，注意幼儿的运动量。 2. 引导幼儿注意夏天的天气变化，有初步的防暑意识。					

	星期一	星期二	星期三	星期四	星期五
教育活动	**生活活动**：天热怎么办 目标： 1. 知道当天气很热时，让自己变得凉快、舒服的简单方法。 2. 提升自我保护意识，防止中暑。	**美术活动**：制作扇子 目标： 1. 尝试制作简易的扇子。 2. 体验通过摇扇子使自己变凉快的感觉。	**认知活动**：好玩的水 目标： 1. 愿意尝试用各种工具玩水，感受水的流动性。 2. 体验玩水的乐趣。	**体育活动**：运水 目标： 1. 尝试徒手或使用工具运水，过程中尽量保持身体平衡。 2. 能够用较准确的语言表达自己的感受与体会。	**社会活动**：包粽子 目标： 1. 愿意参与包粽子活动，体验包粽子带来的快乐。 2. 发展手部精细动作，感受劳动带来的快乐。 3. 继续学习正确漱口的方法。
生活指导	1. 需要上厕所时能主动告知教师并自主如厕，尽量不尿裤子。 2. 知道洒了水或牛奶时能够自己找纸巾擦拭干净。 3. 继续学习正确漱口的方法。				
体育游戏	集体游戏1：小熊运西瓜 目标： 1. 学习双手捧西瓜球平稳地行走。 2. 体验运球游戏带来的乐趣。		集体游戏2：小鸭捉鱼 目标： 1. 练习走斜坡。 2. 发展平衡能力。		
家园配合	1. 在家中鼓励幼儿自己吃饭，一口饭一口菜，锻炼幼儿的咀嚼能力，安排固定时间进餐，养成良好的饮食习惯。 2. 安排适宜的作息时间，早睡早起，养成午睡的习惯。 3. 夏季天气炎热干燥，提醒幼儿在家多喝白开水。				

6/月

六月第二周工作计划

本周工作目标：

1. 引导幼儿喜欢玩沙、玩水，在游戏中感知其特性。
2. 让幼儿感知、观察夏季的变化，了解夏季相关的健康常识。
3. 外出锻炼时给幼儿喷防蚊水，做好防蚊工作。

	星期一	星期二	星期三	星期四	星期五
教育活动	**认知活动**：夏天的水果 目标： 1. 初步了解夏天常见的水果及其基本特征。 2. 愿意用语言表达自己的感受和发现。	**认知活动**：夏天的服装 目标： 1. 使用多种感官来感知夏季服装的特征。 2. 愿意说出自己的想法。	**美术活动**：老虎的新发型 目标： 1. 尝试用撕报纸的方式来装饰老虎。 2. 乐于参与美术活动。	**认知活动**：猜猜它是谁 目标： 1. 了解常见动物的声音特点。 2. 锻炼听力和注意力。	**认知活动**：浮上来、沉下去 目标： 1. 发现放进水里的物体有的会沉入水底，有的会浮上水面。 2. 愿意说出自己的发现，感受活动带来的乐趣。
生活指导	1. 鼓励幼儿自己尝试剥开蛋壳，如早上吃鹌鹑蛋的时候，自己剥皮。 2. 提示幼儿在户外时不要猛跑，出汗后要及时补充水分。				
体育游戏	集体游戏1：小青蛙捉害虫（复习） 目标： 1. 练习双脚连续跳。 2. 体验游戏的快乐。		集体游戏2：红灯绿灯小白灯 目标： 1. 学习听指令做相应的动作。 2. 能遵守游戏规则，感受和同伴一起游戏的乐趣。		
家园配合	1. 家长可带幼儿参观水族馆、海底世界等，使幼儿了解水里生活着许多有趣的动物。 2. 请家长引导幼儿观察几种夏天的水果（外形、切面、手感、味道等）。				

6/月

六月第三周工作计划

本周工作目标：
1. 知道父亲节，了解父亲的外形特点和喜好，愿意表达对父亲的节日祝福和爱。
2. 在活动中乐于和同伴交流，体验与同伴一起活动的乐趣。

	星期一	星期二	星期三	星期四	星期五
教育活动	**语言活动**：《我爸爸》 目标： 1. 阅读图画书，了解爸爸的本领。 2. 初步理解故事内容，感受爸爸的爱。	**美术活动**：爸爸的领带 目标： 1. 选择自己喜欢的方式装饰爸爸的领带。 2. 愿意用适宜的方式表达对爸爸的节日祝福和爱。	**体育活动**：小兔采蘑菇 目标： 1. 练习双脚并拢向前跳。 2. 体验和同伴一起游戏的乐趣。	**音乐活动**：《毛毛虫和蝴蝶》 目标： 1. 能跟随音乐模仿毛毛虫和蝴蝶的动作。 2. 喜欢参加音乐游戏。	**社会活动**：一起玩玩具 目标： 1. 学习轮流、交换、共享等游戏规则。 2. 在教师的引导下遇到问题能够想办法。
生活指导	1. 提醒幼儿在被蚊虫叮咬后少抓挠，及时找教师处理。 2. 引导幼儿继续巩固正确的洗手方法，洗手时注意不弄湿衣裤。				
体育游戏	集体游戏1：老狼老狼几点了 目标： 1. 能够在听到信号后开始四散跑。 2. 锻炼反应能力。			集体游戏2：独木桥（复习） 1. 在15～20厘米宽的平行线间行走，保持身体平衡。 2. 在教师的帮助下尝试走平衡木。	
家园配合	1. 为幼儿准备适宜的夏季服装，女孩子尽量不穿长裙子，以免影响运动。 2. 天气较热，回家请给幼儿多喝水，让幼儿注意休息，引导幼儿在阴凉的地方游戏。				

六月第四周工作计划

本周工作目标：
1. 学习在集体中声音响亮地回答问题。
2. 基本适应一日生活环节之间的转换，对活动转换的提示有积极反应。

	星期一	星期二	星期三	星期四	星期五
教育活动	**语言活动**：《棕色的熊、棕色的熊，你在看什么?》目标：1. 喜欢听故事，学说故事中重复的对话。2. 在教师的引导下尝试角色扮演。	**美术活动**：鱼儿游来了 目标：1. 学习用棉签蘸上颜料画线。2. 对棉签画感兴趣。	**体育活动**：抱球走 目标：1. 尝试与同伴合作抱球走。2. 感受和同伴共同游戏的乐趣。	**音乐活动**：《快乐的一只小青蛙》目标：1. 初步感受音乐中的固定节拍。2. 初步感受音乐的乐段变化。	**认知活动**：交通标志 目标：1. 认识并了解交通信号灯的作用。2. 能说出几种常见的出行方式，如走路、坐公交、乘地铁、坐火车或飞机等。
生活指导	1. 指导幼儿在擦手时能先把小毛巾摊开，再把手上的水擦干净。2. 提醒幼儿走路时不奔跑，防止与同伴冲撞或摔伤。				
体育游戏	集体游戏1：小兔蹦蹦跳 目标：1. 练习双脚连续跳。2. 体验集体游戏的快乐。		集体游戏2：螃蟹宝宝搬西瓜 目标：1. 练习侧走，锻炼身体的平衡性。2. 探索用身体的不同部位夹球，体验户外活动的乐趣。		
家园配合	1. 建议家长带幼儿了解不同的出行方式，以及身边常见的交通标志。2. 天气渐热，幼儿在家少食冷饮、饮料，多喝白开水，认真洗手，经常洗澡，预防夏季传染病。				

6/月

第一周·主题活动案例

随着气温升高，幼儿都换上了短袖短裤，但还是经常玩得满头大汗，在室内可以开空调、电风扇等，在户外怎么办呢？这个问题引发了幼儿的讨论。我们基于幼儿的兴趣和发展需要，生成了主题活动"天热怎么办"。出汗了我们怎么办？怎样才能让自己凉快起来呢？这都是非常贴近幼儿生活实际的问题。活动的目标是让幼儿基于自己的生活经验在教师的引导下想办法、解决问题。贴近幼儿的发展水平，能通过操作和体验发展幼儿多方面的能力。主题活动目标和主题网络图（图 5-1）如下。

主题活动目标：

1. 知道夏天天气很热，能结合自己的经验想出使自己凉快起来的多种办法；

2. 学习让身体凉快的各种方法，懂得在天气特别热的时候进行自我保护；

3. 感知夏天的特征，喜欢玩水游戏。

图 5-1　主题网络图

夏天总是备受幼儿青睐，各种玩水游戏深受幼儿喜爱。这个时期大部分幼儿已经完全适应了幼儿园生活，对教师、同伴开始有了一定的感情，愿意与教师、同伴进行交流，也愿意尝试自己解决简单的问题。

在这个主题中，我们主要设计了四个活动，围绕"天热怎么办"这个生活中的问题，引发幼儿结合生活经验了解简单的解暑方法，并通过制作扇子、玩水等让幼儿在操作中体验和感受。教师在活动中鼓励幼儿说出自己的发现，引导幼儿自己想办法并尝试解决问题，同时也关注不同幼儿的发展差异，并给予个体化指导。

"天热怎么办"——托班幼儿活泼好动，在炎热的夏季非常容易出汗。想一想怎样擦汗、让自己凉快下来的方法，都是促进托班幼儿自我保护与自我服务能力发展的方法。

"制作扇子"——扇子是最简单、便捷的防暑降温工具，利用半成品材料让幼儿自己动手尝试制作，既培养幼儿手眼协调能力和对美工活动的兴趣，也进一步发展了小肌肉的灵活性。

"好玩的水""运水"——幼儿天生就喜欢玩水。教师遵循幼儿的心理特征和喜好，开展一系列玩水的活动，让幼儿在玩水的同时，发现和探究水的特征。

活动一：天热怎么办（生活）

活动目标

1. 知道当天气很热时，让自己变得凉快、舒服的简单方法。

2. 提升自我保护意识，防止中暑。

活动准备

1. 物质准备：幼儿在活动过程中出汗的视频、户外场地、扇子。

2. 经验准备：幼儿有出汗的体验。

活动过程

1. 教师与幼儿讨论视频中的内容，引出活动。

师：视频里的小朋友为什么脸红红的，脸上还流着汗？

师：现在请小朋友们摸摸你们自己的头上、脸上，有汗水吗？为什么？

师：刚才视频里的小朋友一直在太阳底下玩，所以出了好多的汗，太阳把小朋友的脸晒得红红的。现在我们在室内没有运动，所以没有出汗，而且屋里还有空调、电扇能让我们感到凉快。

2. 教师组织幼儿进行户外活动，引导幼儿想出简单的避暑方法。

教师带领幼儿充分热身之后，组织一些跑、跳类的游戏活动，如"小孩小孩真爱玩，摸摸这，摸摸那，摸摸××跑回来/跳回来"等。

教师观察大多数幼儿已达到出汗的状态，找一个阴凉的地方请幼儿休息、喝水。

师：摸摸头、脖子，上面有什么？××小朋友的衣服怎么都湿了？××小朋友的脸为什么红红的？（请幼儿说说自己看到的和想到的。）

师：天气热了，小朋友们在太阳下一直玩就会出很多汗，出太多汗后身体会不舒服。这么热的天我们怎样才能让自己凉快、舒服呢？（引导幼儿说出要在阴凉的地方玩，玩一会儿歇一会儿，出汗了要用纸巾擦擦汗等简单的方法。）

3. 教师请幼儿体验用扇子扇风使自己变凉快。

师：老师今天带来了一个好朋友，它能让小朋友们变凉快，请小朋友们把眼睛闭上，猜猜看它是谁？（教师拿出扇子，给每个幼儿扇风。）

师：你们感觉到了什么？有风，风从哪里来呢？请小朋友们睁开眼睛，看看老师手里拿的是什么？

师：对，扇子能扇出风，让我们变得凉快起来。谁来用扇子扇扇风试一试？除了扇子还有哪些工具能帮我们变凉快啊？

4. 教师基于幼儿的回答进行小结，结束活动。

活动延伸

托班幼儿生活经验的习得需要在日常生活中不断重复和巩固，对于夏季防暑的指导还需要教师在日常户外活动时多对幼儿进行提醒和引导，逐步提升幼儿的自我保护意识，使其掌握自我服务的方法。

（阳小云）

活动二：制作扇子（美术）

活动目标

1. 尝试制作简易的扇子。

2. 体验通过摇扇子扇风使自己变凉快的感觉。

活动准备

1. 物质准备：各种形状的卡纸、胶棒、冰棍棒或一次性筷子、自制扇子。

2. 经验准备：知道扇子的用途。

活动过程

1. 教师出示扇子，引出主题。

师：这是什么？扇一扇有什么感觉？

师：扇子有扇面，扇面上有花纹，还有扇把。摇动扇子就有风，会让我们感觉凉爽。

2. 教师出示材料，展示制作方法。

选两张形状相同的卡纸：在第一张卡纸上抹上固体胶，把冰棍棒放在卡纸下部的中间；让第二张卡纸与第一张卡纸重合，用手压一压，将两张卡纸粘在一起，一把扇子就做好了，扇面可根据幼儿的兴趣进行装饰。

3. 教师指导幼儿制作扇子。

(1)鼓励幼儿使用自己喜欢的形状的卡纸做扇面。

(2)指导幼儿在第一张卡纸上涂满固体胶。

(3)把冰棍棒放在第一张卡纸下部的中间，并压一压。

(4)指导幼儿尽量将两张卡纸对齐。

(5)鼓励幼儿选择自己喜欢的材料进行扇面装饰。（可以通过手指点画、粘贴、印章画等方式进行装饰。）

4. 展示幼儿作品，请幼儿体验用自制扇子扇风变凉快的感觉。

师：你是用什么形状的纸做的扇子？用你的扇子给自己和旁边的小朋友扇扇风，看看有没有变凉快？

活动小结

依据托班幼儿年龄的特点，教师给他们准备的材料是半成品，让他们进行简单的加工，容易获得成品。这样不仅可以让他们很乐意参加活动，而且能增加自信，让幼儿获得成就感。

（阳小云）

活动三：好玩的水（认知）

活动目标

1. 愿意尝试用各种工具玩水，感受水的流动性。

2. 体验玩水的乐趣。

活动准备

1. 物质准备：大盆、水、小碗、小勺、小杯子、漏勺、海绵、滴管，幼儿每人一套备用的衣物。

2. 经验准备：有玩水的经验。

活动过程

1. 教师出示小朋友玩水的视频，引发幼儿的兴趣。

师：天气特别热的时候，水会让我们觉得很凉爽。你们玩过水吗？玩水的感觉怎么样？

师：要在哪里玩水？在教室里可以玩水吗？为什么？（鼓励幼儿大胆说出自己平时的发现。）

师：教室里不能玩水，因为如果地上有很多水，小朋友就会容易滑倒很危险，所以我们今天要带小朋友们去户外玩水！老师今天准备了很多玩水的工具，有小碗、小勺、小杯子、海绵、滴管等，一会儿请小朋友们选择自己喜欢的工具玩水！

2. 鼓励幼儿尝试用不同的工具玩水。

教师用几个大盆装好水，分散着放在院子里阴凉的地方。

教师鼓励幼儿尝试运用多种工具玩水。

重点提示：

(1)提示幼儿节约用水，注意不要把水溅到别人身上。

(2)引导幼儿发现水的流动性。

(3)鼓励幼儿交换工具，进一步体验不同工具的玩法。

(4)鼓励幼儿尝试徒手玩水、捧水、抓水，感知水的流动性。

3. 教师小结，结束活动。

师：你们刚才都用了哪些工具来玩水？你们发现了什么？

师：小花、小草、大树都需要喝水，我们把剩下的水都送给它们吧，端水的时候注意安全，尽量不把自己和其他人的衣服弄湿。（幼儿在教师的协助下，将剩下的水浇花、草、树等。）

请幼儿收拾、整理工具，把它们放在相应的地方。

活动延伸

夏天天气较热，幼儿在户外玩水既可以让幼儿感到凉快和舒服，又能让幼儿体验用不同工具玩水的乐趣，在游戏中感知水的流动性。也可以请家长为幼儿准备不同的玩水工具，如小水枪、小桶等，请幼儿互相分享，丰富经验。

（阳小云）

活动四：运水（体育）

活动目标

1. 尝试徒手或使用工具运水，过程中尽量保持身体平衡。

2. 能够用较准确的语言表达自己的感受与体会。

活动准备

1. 物质准备：大盆、小杯子、小碗、瓶子、喷壶、小桶，使用植物将班级布置成小花园，以及小山坡、宽敞场地。

2. 经验准备：有舀水、倒水的经验。

活动过程

1. 准备运动：伴随儿歌活动身体，达到基本的运动准备状态。

小手小手拍拍，我的小手举起来。

小手小手拍拍，我的小手转起来。

小脚小脚踏踏，我的小脚踏起来。

小脚小脚踢踢，我的小脚踢起来。

2. 创设情境，激发幼儿的兴趣。

师：天气真热，你们看，太阳公公都快把花园里的花晒干了，你们能不能帮帮它们呀？我们应该怎样去帮助它们呀？（幼儿根据自己已有的生活经验自由回答。）

3. 教师引导幼儿尝试徒手运水。

师：小花需要浇水了，老师准备了一盆水，谁来试试用你的小手把水运过去？

教师引导幼儿徒手运水，在运水的过程中感受水的流动性。

师：你手里的水怎么没有了？（鼓励幼儿说出自己的发现。）

师：水从手指缝里流到了地上，小花喝不到水了。那我们借助工具来给小花浇水吧。

4. 教师请幼儿自主选择工具用水，提醒幼儿注意安全，避免碰撞。

师：在运水的过程中，水不要装得太满，走路的时候慢一点，不要碰着小朋友。

5. 创设情境，增加游戏的趣味性，引导幼儿在运水的过程中保持身体平衡。

师：这次小朋友在运水的时候要经过一个小山坡，看看谁能在上山坡和下山坡后安全地把水运过去哦。

师：看看哪些植物还需要喝水？哪些植物已经喝饱了？（教师引导幼儿观察或者通过用手摸摸土壤的干湿来判断。）

6. 教师小结，结束活动。

师：这些小花都喝饱水了，它们要谢谢你们。今天你们表现得都很棒，在运水的时候都能很好地保护自己。请大家把运水的工具送回去吧。

活动延伸

建议幼儿在家洗澡的时候，尝试用不同的工具玩水。

（阳小云）

🥁 第二周活动案例

🚂 活动一：夏天的水果（认知）

活动目标

1. 初步了解夏天常见的水果及其基本特征。

2. 愿意用语言表达自己的感受和发现。

活动准备

1. 物质准备：葡萄、西瓜、神秘袋（可以结合实际情况更换水果）。

2. 经验准备：幼儿已经认识这些水果。

活动过程

1. 教师出示神秘袋，激发幼儿的兴趣。

师：猜猜里面有什么？（让幼儿摸一摸，抱一抱，拍一拍，闻一闻，说出自己的猜想。）

(1)出示西瓜，引导幼儿观察其外形特征。

师：原来，神秘袋里装的是西瓜。西瓜是什么形状、什么颜色的？绿色的皮上有什么颜色的花纹？

请幼儿来摸一摸、抱一抱西瓜，并说出自己的感觉是什么。

师：西瓜的外形是圆的，绿色的皮上有深色的花纹，摸上去凉凉的、滑滑的，是夏天解暑的水果，天气热的时候我们吃它，就会觉得很凉快。

(2)切开西瓜，引导幼儿观察其内部。

师：西瓜里面是什么颜色的？还有什么颜色？红色的部分叫什么？黑色的叫什么？

师：西瓜里面是红红的，西瓜瓤这部分是可以吃的；黑黑的叫西瓜籽，要吐掉。

2. 教师出示装着葡萄的神秘袋，请幼儿触摸并猜想。

师：摸一摸，你觉得里面装的是什么？是大大的还是小小的？

教师出示葡萄，请幼儿观察。

师：葡萄是什么颜色、什么形状的？与西瓜相比哪个大？摸起来是什么感觉的？

3. 请幼儿品尝西瓜和葡萄的味道，说出自己的发现。

师：西瓜是什么味道的？葡萄是什么味道的？它们有什么不一样？你喜欢吃哪个？

师：西瓜甜甜的，吃起来有很多水分，我们在夏天吃西瓜会觉得很舒服、凉快。葡萄很甜，也有一点点酸。它们都是夏天的水果，适当地吃这些水果，可以防暑降温。

活动延伸

基于幼儿熟悉的水果，教师可以组织幼儿玩"水果蹲"的游戏。准备幼儿熟悉的水果卡片贴在衣服上，说到哪种水果的时候，身上贴该水果卡片的幼儿要蹲下。教师提前做示范，让幼儿清楚游戏规则。游戏人数可以由少到多逐步增加难度。

6/月

游戏儿歌：西瓜蹲，西瓜蹲，西瓜不蹲葡萄蹲；葡萄蹲，葡萄蹲，葡萄不蹲西瓜蹲。

（阳小云）

🚗 活动二：夏天的服装（认知）

活动目标

1. 使用多种感官来感知夏季服装的特征。

2. 愿意说出自己的想法。

活动准备

1. 物质准备：冬天的外套、夏天的短袖、欢快的音乐。

2. 经验准备：感受过夏天的炎热。

活动过程

1. 教师出示冬天和夏天的服装，让幼儿感知其中的不同。

教师出示夏天的衣服，请幼儿观察。

师：这件衣服是长袖的还是短袖的？是什么季节穿的？夏天穿上这样的衣服会感觉怎么样？

请幼儿和同伴互相观察他们现在穿的是什么样的服装？

师：现在是夏天，天气很热，所以大部分小朋友都穿上了短袖、短裤，还有的女孩子穿上了漂亮的裙子，这样我们就会感觉很舒服、凉快。

教师出示冬天的衣服，请幼儿观察。

师：这件衣服是长袖的还是短袖的？你觉得这件衣服穿在身上会怎么样？

请幼儿想象如果在夏天穿上冬天的衣服，会有怎样的感受。

师：这件衣服现在穿会很热，所以夏天我们要穿薄的衣服，冬天天气冷的时候再穿厚的衣服，这样就可以保暖了。

2. 教师请幼儿摸一摸这两件衣服有什么不一样。

师：哪件衣服厚？哪件衣服薄？哪件衣服是冬天穿的？哪件衣服是夏天穿的？为什么？

请幼儿大胆说出自己的想法。

3. 教师组织游戏"我会正确穿衣服"。

玩法：音乐响起，幼儿在室内活动场地中自然地走动。音乐停，教师说夏天来了，幼儿立刻跑到有夏天的服装的地方（服装分散摆放，可由图片代替）；再次播放音乐，教师说冬天来了，幼儿找到冬天的服装。游戏可反复进行。

活动延伸

设计夏天的服装：教师准备好画有夏天的短袖或裙子的白纸，请幼儿运用各种方式进行装饰，如用线条涂鸦、涂色、撕纸粘贴等。

（阳小云）

活动三：老虎的新发型(美术)

活动目标

1. 尝试用撕报纸的方式来装饰老虎。

2. 乐于参与美术活动。

活动准备

1. 材料准备：报纸人手一份、画有老虎头像的画纸、水彩笔、胶棒。

2. 经验准备：有撕、贴的经验。

活动过程

1. 教师讲述故事导入，创设情境。

师：今天小松鼠理发店开门了，迎来了一位特殊的客人，它有着长长的胡须，叫起来声音是"嗷呜"。小朋友们猜一猜，这位客人是谁呀？

师：小松鼠发愁了，它一连设计了好几个发型，老虎都不满意。这位老虎客人想要一个跟别人都不一样的发型。小朋友们帮小松鼠想想办法好不好呀？

2. 教师出示有老虎半成品的画纸，让幼儿想象并讨论为老虎设计发型。

师：小朋友们想一想，可以为老虎设计什么样的发型呢？

3. 教师出示报纸。

师：老师也给老虎设计了一个发型，我是用报纸给老虎做的新发型，来看看我是怎么做的吧！

教师示范操作，重点强调撕的动作和用胶棒粘贴的方法。

4. 幼儿自由创作，教师巡回指导。

教师分发材料，提供不同范例给幼儿参考。

师：粘完头发后，可以用水彩笔给老虎的头发涂上漂亮的颜色。

5. 教师组织幼儿分享作品。

师：老虎特别喜欢你们设计的发型，你们每一位都是特别棒的发型师。小松鼠特别感谢小朋友们帮了这个忙，特意邀请你们来办一个发型艺术展。

活动延伸

作品完成后，教师可将幼儿作品布置成小画展，鼓励幼儿介绍自己的作品。教师也可以在美工区投放类似的材料，请幼儿自主选择进行制作，如给小羊贴羊毛等。

(金可欣)

活动四：猜猜它是谁(认知)

活动目标

1. 了解常见动物的声音特点。

2. 锻炼听力和注意力。

活动准备

1. 物质准备：小猫、小狗、小羊玩具各一只，小鱼、骨头、青草食物道具各一份(可自制)，幕布一块。

2. 经验准备：幼儿熟悉小猫、小狗、小羊这三种动物。

活动过程

1. 教师创设情境引出主题。

师：今天老师邀请了几个小动物来家里做客，它们是小猫、小狗、小羊。一会儿小动物们就要来了，小朋友仔细听是谁来了？

2. 教师在幕布后表演，请幼儿听声音判断是什么动物。

师：你们听，有人来敲门了！"砰砰砰!""是谁啊?""喵喵喵……"(教师在幕后模仿猫叫)你们猜猜是谁来了？

师：原来是小花猫来了，小花猫最喜欢吃什么啊？谁能把小花猫最爱吃的食物拿给它吃？(教师请幼儿上前从准备好的食物道具中选择小鱼给小猫。)

师：你们听，又有人来敲门了！"砰砰砰!""是谁啊?""汪汪汪……"(教师在幕后模仿狗叫)你们猜猜是谁来了？

师：原来是小狗来了，小狗最喜欢吃什么啊？谁能把小狗最爱吃的食物拿给它吃？(教师请幼儿上前从准备好的食物道具中选择骨头给小狗。)

师：最后一个小动物有一身白白的、软软的毛，唱起歌来"咩咩"叫，你们猜猜它是谁？

师：原来是小羊来了，小羊最喜欢吃什么啊？谁能把小羊最爱吃的食物拿给它吃？(教师请幼儿上前从准备好的食物道具中选择青草给小羊。)

3. 教师引导幼儿与小动物们再见，活动自然结束。

师：客人们都到齐了，它们吃着自己喜欢的食物，可高兴了。现在它们要回家找妈妈去了，要跟小朋友们说再见了，小朋友们也跟它们说再见吧。

活动延伸

小动物是幼儿非常喜欢的。通过创设情境请幼儿通过分辨声音判断动物，能够锻炼幼儿的听力和注意力。匹配食物使幼儿通过游戏了解常见动物的食性。教师可以制作相关的教具卡片，请幼儿将熟悉的动物与其爱吃的食物配对，也可以将相关材料投放在娃娃家中，请幼儿在区域活动时模拟情境自主游戏。

(黄季龙)

6/月

🥁 第三周活动案例

🚗 活动一：《我爸爸》(语言)

活动目标

1. 阅读图画书，了解爸爸的本领。

2. 初步理解故事内容，感受爸爸的爱。

活动准备

1. 物质准备：图画书《我爸爸》及电子课件、一些幼儿和爸爸的照片。

2. 经验准备：有听故事的经验。

活动过程

1. 教师出示图画书《我爸爸》的封面，引发幼儿的兴趣。

师：小朋友们，猜猜这是谁？这是安东尼·布朗先生的爸爸，他的爸爸特别厉害，我们一起听一听关于他爸爸的故事吧！

2. 教师展示图画书幻灯片，完整讲述故事内容。

师：安东尼的爸爸棒不棒？是不是特别厉害？

3. 教师再次讲述故事内容。

(1)讲述故事1~5页。

师：安东尼的爸爸有什么本领呢？

教师根据画面小结：赶走大野狼，跳过月亮，敢和大力士摔跤，跑步拿第一名。

(2)讲述故事6~9页。

师：安东尼的爸爸还会变化，他都变成了什么呢？

教师根据画面小结：变成马，吃的和马一样多；变成猩猩，和猩猩一样强壮；变得比房子还高；变成泰迪熊，像它一样柔软；变成猫头鹰，像猫头鹰一样聪明。

(3)讲述故事10~11页。

师：安东尼的爸爸还会做什么？

教师小结：会跳舞，会唱歌，会踢足球，还会扮鬼脸。

(4)讲述故事12~13页。

师：爸爸和宝宝在做什么呢？猜猜爸爸会对宝宝说什么？

教师小结：爸爸抱住了宝宝，对宝宝说爱他。

4. 教师出示班级中的幼儿和爸爸的照片。

师：安东尼的爸爸是不是特别厉害？你们的爸爸厉害吗？他们有什么本领呢？

师：你们爱你们的爸爸吗？这周日是爸爸的节日"父亲节"，你们回家也给爸爸一个大大的拥抱吧！

活动延伸

教师可以将图画书投放到图书区，引导幼儿自行翻阅，也可以在环境中张贴图片供幼儿讲述。

（张凯鸽）

活动二：爸爸的领带(美术)

活动目标

1. 选择自己喜欢的方式装饰爸爸的领带。

2. 愿意用适宜的方式表达对爸爸的节日祝福和爱。

活动准备

1. 物质准备：幼儿爸爸穿正装打领带时的照片，有各种花纹的领带，红、黄、蓝三色皱纹纸，各种形状的彩色纸片若干，胶棒若干，油画棒，拓印工具若干，红、黄、蓝三色颜料各一。

2. 经验准备：熟悉美工区材料的操作方法。

活动过程

1. 教师出示领带和家长提供的照片。

师：你们知道什么是领带吗？它是和西装、衬衫搭配使用的，能够装饰我们的衣服，是爸爸最常使用的。看看你们的爸爸打着领带帅不帅？

师：我们一起欣赏一下这些漂亮的领带吧，你发现了哪些漂亮的图案？（鼓励幼儿观察领带的花纹并进行表达。）

2. 教师创设情境，激发幼儿的兴趣。

师：小朋友们，马上就要到父亲节了，这是爸爸们的节日，我们一起来做一条漂亮的领带送给爸爸吧！

教师出示准备好的材料，简单介绍制作方法。

（1）出示三色皱纹纸、胶棒。

师：我们可以用皱纹纸装饰领带，先将皱纹纸团成球，然后用胶棒粘在领带上，注意在粘的时候不要粘到领带的外面。

（2）出示彩色纸片、胶棒。

师：这里还有彩色纸片，你可以选择自己喜欢的颜色、形状，然后用胶棒粘贴到领带上。

（3）出示油画棒。

师：油画棒也可以用来装饰领带，请选择你喜欢的颜色在领带上画一画。

3. 请幼儿尝试创作，教师进行个别指导。

指导要点：

（1）鼓励幼儿自行选择喜欢的方式进行创作；

（2）鼓励幼儿大胆尝试，注意颜色搭配，会尝试用不同的颜色装饰领带；

（3）指导幼儿正确使用胶棒。

4. 教师组织幼儿进行作品欣赏。

引导幼儿大胆说一说自己是怎样制作领带的。

活动小结

欣赏各种样式的领带，不仅为幼儿在视觉上提供了美感，也给他们提供了灵感。教师在活动中提供了多种材料，也为幼儿大胆创作提供了可能。美术活动有利于发展幼儿的观察力、想象力、创造力等，这些能力的发展有助于促进幼儿创造思维的发展。

（张凯鸽）

🚌 活动三：小兔采蘑菇(体育)

活动目标

1. 练习双脚并拢向前跳。

2. 体验和同伴一起游戏的乐趣。

活动准备

1. 物质准备：兔子头饰、蘑菇若干个、篮子四个。

2. 经验准备：能双脚离地跳。

活动过程

1. 创设情境，激发幼儿的兴趣。

师(头戴兔子妈妈头饰)：宝宝们，今天天气真好，跟着兔妈妈一起出去玩儿吧!

带领幼儿做准备活动，重点活动四肢、脚腕，避免在活动中受伤。

2. 教师示范动作。

师(兔妈妈)：兔宝宝们很厉害呀! 你们还记得咱们兔子家族是怎么走路的吗? 对了，就是蹦蹦跳跳的，两只脚并在一起，一下一下地向前跳，在跳的过程中两只脚不能分开，跟着兔妈妈一起跳一跳吧!

3. 幼儿练习，教师观察并指导。

师(兔妈妈)：兔宝宝们，快跳到兔妈妈身边来吧!

4. 教师组织游戏：采蘑菇。

师(兔妈妈)：咱们家里没有多少吃的了，宝宝们能帮助妈妈把蘑菇采回来吗? 宝宝们要注意了，从家里出发，跳到×老师(配课老师)那里，从×老师身边的篮子里拿一个蘑菇回来，一次只能拿一个。

指导要点：

(1)采蘑菇的路上要记得一下一下地往前跳；

(2)鼓励幼儿坚持完成游戏，在跳的过程中注意安全。

5. 教师总结，结束活动。

师(兔妈妈)：今天太高兴了，中午就能吃到宝宝们帮妈妈采回来的蘑菇，来吧，咱们一起把蘑菇抬回家，今天中午咱们就吃蘑菇。

活动延伸

幼儿后续可以尝试通过模仿青蛙来练习深蹲跳，在掌握这一方法之后可以练习向上纵跳的技能，锻炼下肢力量和身体协调性。

(张凯鸽)

🚌 活动四：《毛毛虫和蝴蝶》(音乐)

活动目标

1. 能跟随音乐模仿毛毛虫和蝴蝶的动作。

6
月

2. 喜欢参加音乐游戏。

活动准备

1. 物质准备：纱巾，《毛毛虫和蝴蝶》音乐，道具(叶子、花)。

2. 经验准备：听过故事《好饿的毛毛虫》。

活动过程

1. 教师讲故事导入：毛毛虫变蝴蝶。

师：从前有一只毛毛虫，它的身体软绵绵的，它总是在地上一伸一缩、一伸一缩地爬。它特别懒，不想吃东西，不想喝水，也不唱歌。有一天，它看见一只很漂亮的蝴蝶在花丛中飞舞，它也想飞起来，就问蝴蝶："蝴蝶姐姐，我怎样才能飞呀?"蝴蝶姐姐告诉它："你长大后就会变成我们的样子，但是你要吃东西让自己长大。"于是，毛毛虫开始吃东西，星期一它吃了一个苹果，星期二它吃了一个梨……慢慢地它变出了一座白色的小房子，并安静地睡在房子里。有一天它打开房子的门，突然发现自己已经变成了一只美丽的蝴蝶。

2. 教师组织身体游戏"毛毛虫变蝴蝶"。

师：现在我们先变成一只毛毛虫躲在房子里吧!(双脚交叉盘坐，双手抱着双脚，身体弯曲，缩成一团。)

师：毛毛虫现在吃了好多东西，这一天，它突然变成了一只美丽的蝴蝶。(引导幼儿打开双手，做"飞舞状"。)

3. 听音乐，尝试跟随音乐做相应的动作。

(1)分段听，请幼儿模仿毛毛虫和蝴蝶的动作。

师：老师今天也带来了一首关于毛毛虫和蝴蝶的音乐。我们来听一听毛毛虫和蝴蝶都在哪儿?

师：现在是谁出来啦?(引导幼儿先模仿毛毛虫在地上爬行，再模仿蝴蝶自由飞舞。)

(2)完整听音乐，请幼儿在教室里随意表演，注意引导幼儿跟随音乐的变化做动作。

4. 分发纱巾，伴随音乐，请幼儿在模仿毛毛虫时握着纱巾在地上爬，在模仿蝴蝶时挥舞纱巾。

5. 在播放毛毛虫乐段时，教师在地上撒上一些叶子。幼儿边听音乐，边学毛毛虫爬行，可以捡一些叶子。在播放蝴蝶乐段时，教师在地上撒一些小花。幼儿边听音乐，边学蝴蝶飞舞，可以捡一些小花。幼儿在反复游戏中加深对音乐的印象。

活动延伸

可以在熟悉歌曲的基础上，将叶子和小花都撒在地上。引导幼儿根据不同乐段，运用不同的肢体动作，捡取不同的物品。

(李睿)

6／月

第四周活动案例

活动一：《棕色的熊、棕色的熊，你在看什么?》(语言)

活动目标

1. 喜欢听故事，学说故事中重复的对话。

2. 在教师的引导下尝试角色扮演。

活动准备

1. 物质准备：图画书《棕色的熊、棕色的熊，你在看什么?》及其课件，以及故事中出现的动物的卡片。

2. 经验准备：幼儿认识故事中出现的动物(鸟、青蛙等)。

活动过程

1. 教师出示故事书的封面，让幼儿观察并了解熊的形象，引发幼儿参与活动的兴趣。

师：今天有一位新朋友来到班里，快来看看它是谁? 它是什么颜色的? 哦，原来这是一只棕色的熊。

师：你发现了吗? 它的眼睛一直在往后看，我们一起来问问它在干什么呢?

2. 教师完整讲述故事内容，引导幼儿参与活动，鼓励其大胆表达。

(1)教师带领幼儿讲故事，熟悉故事内容。

师：我们来一起问，"棕色的熊、棕色的熊，你在看什么?"

(2)翻到有红色的鸟的一页，教师引导幼儿观察图片，鼓励幼儿与教师互动。

师：它是谁? 它的身体是什么颜色的?

师(模仿熊)：我看见一只红色的鸟在看着我。

(3)继续讲述下一页，鼓励幼儿猜测后面的故事角色。

师：哦，原来熊看见了一只红色的鸟。

师："红色的鸟、红色的鸟，你在看什么?"我们一起来猜猜看。

(4)教师以相似的方式引导幼儿观察图片，一起猜测后面出现的小动物，"我看见一只×××在看我"。引导幼儿大胆地说出自己的发现，体验扮演动物角色的乐趣。

3. 教师与幼儿再次回忆故事中出现的小动物，说出名字及其身体颜色特征。

师：故事中出现了许多种动物，你还记得棕色的熊看见了谁吗? 我们一起说一说。

4. 教师和幼儿一起玩角色扮演游戏，感受角色扮演的乐趣。

(1)请幼儿选择动物角色牌，引导幼儿进行故事表演。

(2)佩戴动物角色牌，教师带领幼儿进行第一次表演。

A 教师：棕色的熊、棕色的熊，你在看什么?

6/月

B 教师(扮演熊)：我看见了红色的鸟。(所有红色的小鸟挥挥翅膀。)

…………

教师间相互配合，A 教师在问话后，与幼儿共同参与游戏。

(3)教师与幼儿共同游戏，直到游戏结束。

师幼：棕色的熊、棕色的熊，你在看什么？

教师：我看见一群红色的鸟飞走了。(所有的小鸟飞离场地，进行下一项活动。)

活动小结

《棕色的熊、棕色的熊，你在看什么?》是一本极富趣味性的图画书。故事情节简单、有趣，对话重复，并富有韵律和节奏，朗朗上口。图画书中的色彩鲜艳，幼儿在阅读的同时可以了解各种动物的名称，认识它们身体的颜色。在每一页我们都会遇到一个新的动物，它又推动着我们去探索下一页出场的是什么动物。连锁式的情节，更能激起幼儿的阅读兴趣。在阅读过程中，通过互动和表演游戏让他们既学习了重复性的语言，更体会到了阅读的快乐。这也是一本可以多次游戏的图画书，比较适合低年龄阶段的幼儿。

(罗婷)

🚗 活动二：鱼儿游来了(美术)

活动目标

1. 学习用棉签蘸上颜料画线。

2. 对棉签画感兴趣。

活动准备

1. 物质准备：《三条鱼》音乐、一盒棉签、每人一块抹布、每人一张不同种类的小鱼的简笔画、三个盘子、三张桌布。

2. 经验准备：幼儿熟悉《三条鱼》音乐，幼儿有用棉签作画的经验。

活动过程

1. 教师与幼儿跟随音乐《三条鱼》做律动，激发幼儿参与活动的兴趣。

师：小鱼们，刚才和你们的小伙伴玩得开心吗？累了吗？我们先坐下来休息一下吧。

师：刚才歌词里提到了小鱼，其实有一条小鱼也来到了我们中间，我们来一起跟它打个招呼吧："小鱼，你好呀!"

2. 教师出示操作材料，请幼儿观察。

师(扮演小鱼)：我和我的朋友们在刚才的游戏里玩得很开心，可是现在我们想游泳到大海里去，小朋友们可以帮帮我们吗？

师(出示棉签)：帮助小鱼需要用到一个特殊的东西，看看，认识吗？

3. 教师示范操作步骤，幼儿可在仔细观察的同时用手指进行练习。

师：我先来选择一条我想要帮助的小鱼，接着把棉签的头放进蓝色的水里，等棉签喝饱水后，要在盘子的边上停一停，最后拿起棉签在纸上开心地"跳舞"吧。画一下，就拿起来，再继续操作。看，现在好多水呀，这下小鱼可以开心地在水里游来游去了。记得当棉签上没有水后，才能继续让它在蓝色的水里"喝"水，要是滴在外面就浪费了，也不好看了。

教师介绍画水的方式，提示幼儿用不同长短的线表示水波。

4. 幼儿自由操作，教师巡回指导。

(1)提醒幼儿在操作时，如果不小心把颜料滴在桌上或沾在手上可用抹布擦一擦。

(2)关注幼儿用棉签蘸取颜料的方式及用量。

(3)操作完成后，将不用的棉签统一放进盘子里。

(4)提醒完成绘画的幼儿去盥洗室洗手。

5. 展示幼儿作品，活动自然结束。

活动延伸

棉签画是低龄幼儿非常喜欢且操作简单的一种艺术形式，可结合不同的主题进行创作。幼儿在动手操作中，不断增强自信心和动手能力，提升对美术创作的兴趣。

(罗婷)

活动三：抱球走(体育)

活动目标

1. 尝试与同伴合作抱球走。

2. 感受和同伴共同游戏的乐趣。

活动准备

1. 物质准备：一个空旷的场地。

2. 经验准备：熟悉儿歌《我是一个大皮球》，有玩球的经验。

活动过程

1. 教师用儿歌组织幼儿进行热身活动。

组织幼儿慢走、慢跑，用儿歌《我是一个大皮球》带领幼儿进行热身。

师：我是一个大皮球，拍一拍，跳一跳，轻轻拍，轻轻跳，使劲拍，使劲跳，看谁跳得最高。

2. 教师示范玩球，激发幼儿玩球的兴趣。

师：这个小球可真好玩，我可以拍一拍，滚一滚，踢一踢，还有什么玩法呢？你们来试试吧。

3. 幼儿自由玩球，探索球类的多样玩法。

师：我刚才看到很多小朋友都想到了不一样的玩法，我们可以用脚踢球、用手推球，还可以扔球、拍球。

4. 教师组织游戏"我和小球来比赛"。

师：今天我们玩一个新游戏，叫作"我和小球来比赛"，需要两个小朋友用双手抱

6/月

住小球，从起点一直走到终点，放下小球后，再返回起点，看谁的速度最快。

(1)邀请幼儿试玩，教师重复游戏要领，提示幼儿注意安全。

(2)幼儿自由练习，教师巡回指导动作要领。

指导要点：

(1)在游戏开始时，为幼儿指定活动范围，明确起点和终点；

(2)在游戏过程中，关注幼儿的安全；

(3)关注不爱运动的幼儿，可带领其一起加入游戏。

（罗婷）

活动四：《快乐的一只小青蛙》(音乐)

活动目标

1. 初步感受音乐中的固定节拍。

2. 初步感受音乐的乐段变化。

活动准备

物质准备：青蛙头饰、绒球若干，铃鼓人手一个。

活动过程

1. 教师进行故事导入。

师：今天，有一个小动物来到了我们的教室。它的眼睛鼓鼓的，穿着一身绿衣裳，还会发出"呱呱呱"的声音，你们知道这是什么小动物吗？(幼儿回答青蛙)天气越来越冷了，小青蛙们也要出门去找些食物准备冬眠了，我们一起去帮帮它们吧！

2. 教师引导幼儿坐在原地，听音乐，用肢体动作表现音乐的固定节拍。(用小手在身体的不同部位轻轻拍打)游戏重复2～3遍。

师：小青蛙们一起来热热身，跳一跳吧！先在我们的腿上跳一跳。

师：这一次小青蛙在我们的肚子上跳一跳。

3. 幼儿起立，用跳跃、蹲下、找食物等动作表现音乐的乐段变化，游戏进行2遍。教师可以先示范一遍，再加入一定的情境。

师：小青蛙要出发找食物啦。

4. 在C段准备开始时，教师在地上撒上绒球充当小青蛙的食物，通过捕食让幼儿感受乐段的不同。

活动延伸

待幼儿熟悉音乐之后，可以加入乐器铃鼓，引导幼儿进一步感受音乐的固定节拍及乐段的变化。

（李睿）

七月
我长大了

月工作计划和周工作计划

七月工作计划

本月重点		1. 更加适应日常活动和集体生活，乐于参与其中。 2. 对身边大自然中的事物充满好奇，乐于观察，尝试用语言进行描述。 3. 知道自己长大了，对即将到来的小班生活充满期待。
发展 目标	生活与 卫生习惯	巩固已有的生活技能与卫生习惯，能够开展力所能及的自我服务，如自己吃饭、收整桌面、自己入睡等。
	动作	1. 喜欢参与户外活动，能自主选择和使用喜欢的玩具、材料进行活动。 2. 在成人的提醒下，知道遵守简单的游戏规则和要求。 3. 喜欢用黏土、积木、积塑等塑造和表现简单的物体与形状。 4. 能画各种各样的线。
	语言	1. 熟悉简单的童谣、故事或歌曲，用自己喜欢的方式进行表演。 2. 会使用简单的形容词，能用较完整的句子表达自己的意愿和情感。
	认知	1. 能够将实物与图片配对，能按照事物的单一特征进行分类。 2. 能感知并比较两堆物体数量的多少。 3. 能逐步尝试拼 3~5 块拼图组成的图形，感受整体与部分的关系。
	情感与社会性	1. 能关注周围事物之间的简单因果关系，如白天有太阳等。 2. 愿意和同伴一起玩，适应和喜欢集体生活。 3. 通过照片、录像等直观形式感知自己长大了。
教师指导重点		关注幼儿的心理感受和需要，鼓励幼儿表达自己的情绪，鼓励、欣赏、支持幼儿完成自己想做的事。
家园配合要点		可以和幼儿一起回顾他们的成长过程，提前了解小班的生活，帮助幼儿顺利升入小班。

7
月

七月第一周工作计划

本周工作目标：

1. 巩固幼儿的生活常规，鼓励幼儿更好地自我服务。

2. 创设环境、提供材料，支持幼儿对周围自然物进行观察与探究。

	星期一	星期二	星期三	星期四	星期五
教育活动	**认知活动**：认识蜗牛 目标： 1. 初步了解蜗牛的外形特征。 2. 喜欢观察身边的小动物，萌发对大自然的喜爱之情。	**美术活动**：蜗牛一家 目标： 1. 尝试掌握搓和卷的技能，用彩泥制作蜗牛。 2. 感受泥工活动的乐趣。	**体育活动**：蜗牛爬 目标： 1. 巩固用手膝着地爬的动作技能。 2. 喜欢参与体育游戏。	**美术活动**：蜗牛走过的路 目标： 1. 愿意尝试画出各种各样的线。 2. 体验美术创作的乐趣。	**认知活动**：好玩的沙子 目标： 1. 通过操作感知沙子的特性。 2. 体验玩沙子的乐趣。
生活指导	1. 鼓励幼儿来园后能向教师主动问好。 2. 让幼儿熟悉一日流程，能预测一日活动，主动做事情。				
体育游戏	集体游戏1：投喂小动物 目标： 1. 练习肩上投掷。 2. 提升上肢力量。		集体游戏2：铃儿响叮当 目标： 1. 练习双手由下至上抛球。 2. 锻炼上肢力量。		
家园配合	1. 多带幼儿进行户外活动，认识大自然中的动植物，如池塘里的小鱼、小蝌蚪，以及空中飞舞的蜻蜓、蝴蝶。 2. 在家庭中，可以和孩子一起观察、照顾家里的动植物，如给小金鱼喂食、给花浇水。 3. 借助生动有趣的儿歌，引导幼儿尝试分清鞋子的左右，能自己穿鞋。				

七月第二周工作计划

本周工作目标：
1. 鼓励幼儿参与艺术表征活动，感受表达的乐趣。
2. 鼓励幼儿在活动中用简单的语言和同伴交流，体验与同伴一起活动的乐趣。

	星期一	星期二	星期三	星期四	星期五
教育活动	**认知活动**：夏天的雷雨 目标： 1. 观察雷雨前后的天气变化。 2. 尝试用简单的语言描述下雨前后天气的变化。 3. 喜爱观察大自然中的天气变化。	**认知活动**：小豆豆捉迷藏 目标： 1. 能够以自身为中心，认识和区分前、后。 2. 尝试正确使用前、后方位词。	**体育活动**：运西瓜 目标： 1. 在游戏情境中尝试双人合作运球。 2. 体验与同伴游戏的快乐。	**美术活动**：小汽车轮胎画 目标： 1. 学习用玩具小汽车的车轮进行滚画。 2. 体验用车轮作画的乐趣。	**认知活动**：比高矮 目标： 1. 感知高和矮的区别。 2. 能在生活中尝试分辨高和矮。
生活指导	1. 注重培养幼儿的良好用眼习惯，限制使用屏幕的时间。 2. 注重在生活照顾中与幼儿的交流。				
体育游戏	集体游戏1：小猫钓鱼（复习） 目标： 1. 能双脚原地自然地向上纵跳。 2. 增强腿部肌肉力量。		集体游戏2：火车钻山洞 目标： 1. 能比较灵活地进行正面钻。 2. 喜欢与教师、同伴共同游戏。		
家园配合	1. 当孩子表现出强烈的独立愿望，不接受成人的帮助时，这是一种积极的心理品质，家长应给予鼓励及耐心指导。 2. 为孩子准备方便活动的夏季服装。比如，男孩子不穿背带裤，以方便独立穿脱，女孩子不穿长裙子，以免影响活动。				

7/月

七月第三周工作计划

本周工作目标：
1. 通过对比照片、观看视频，感受自己的成长变化，萌发升小班的愿望。
2. 鼓励幼儿愿意尝试挑战，乐于和同伴共同游戏。

	星期一	星期二	星期三	星期四	星期五
教育活动	**社会活动**：我长大了 目标： 1. 愿意主动介绍自己小时候用的物品。 2. 在理解的基础上学说儿歌。	**美术活动**：美丽的泡泡画 目标： 1. 尝试用吹泡泡的方法作画。 2. 体验玩颜色的乐趣。	**体育活动**：小勇士挑战 目标： 1. 提高身体动作的协调性和灵活性。 2. 能够勇于挑战，感受战胜困难的快乐。	**音乐活动**：《快快乐乐上小班》 目标： 1. 初步学唱歌曲，能够用自然的声音唱歌。 2. 知道自己即将升入小班，感受成长的快乐。	**认知活动**：白天黑夜 目标： 1. 知道白天有太阳，夜晚有月亮。 2. 能用语言表达自己对白天和黑夜的感受。
生活指导	1. 及时肯定幼儿自我照顾的表现。 2. 积极关注并回应幼儿的需求。				
体育游戏	集体游戏1：小鸭去洗澡 目标： 1. 能从一定的高度跳下。 2. 跳下时双脚同时离地，双腿屈膝。		集体游戏2：赶皮球 目标： 1. 尝试利用小棍赶球走。 2. 锻炼手眼及身体的协调性。		
家园配合	1. 家长在家时可以与幼儿一起看他们小时候的相册，与幼儿聊一聊他们的成长趣事，帮助他们理解"长大了"的含义，知道长大后还会学习更多的本领，激发幼儿升小班的愿望。 2. 家长在家鼓励幼儿口渴时能自己喝水、将玩过的玩具放回原处等，培养其逐渐形成良好的生活习惯。				

7/月

第一周·主题活动案例

伴随着幼儿能力的发展，他们开始关注身边的事物，并有着无数的疑问。他们被雨后的蜗牛吸引，并驻足观察、讨论，于是教师鼓励幼儿观察身边的自然环境和小动物，丰富幼儿对自然和生命的感知。主题活动目标和主题网络图（图 6-1）如下。

主题活动目标：

1. 乐于观察身边自然环境中的小动物；

2. 基于观察，了解蜗牛的外形特点和生活习性；

3. 感受手工制作和体育活动的快乐。

图 6-1 主题网络图

此阶段的托班幼儿开始关注周围的世界，对新鲜事物有强烈的好奇心。特别是对身边自然环境中的小动物充满探索兴趣，他们喜欢观察小动物，同时也喜欢去发现小动物的特点和秘密。

蜗牛是夏季雨后常常出现的小动物。教师基于幼儿观察蜗牛的经验，通过收集图片、购买白玉蜗牛来丰富幼儿对蜗牛的认识，引导幼儿观察、认识蜗牛的基本特征。在此基础上，教师创设了自然角饲养蜗牛，让幼儿能够近距离地观察蜗牛每天的生活活动，进一步探究和了解其生活习性，同时幼儿也在饲养和照顾蜗牛的过程中萌发对小动物的热爱。在幼儿了解了蜗牛的基本特征之后，教师基于幼儿的能力水平延伸出彩泥制作和爬行游戏的活动内容，进一步巩固幼儿对蜗牛的认识。

蜗牛是夏季自然环境中常见的生物，还有很多的动物、植物会引发幼儿观察的兴趣。教师要结合当地的自然环境，基于对幼儿的观察，开展适宜的自然科学活动，呵护幼儿对大自然的好奇心，培养其初步的观察、探究能力，让幼儿在观察、感知、游戏中感受大自然的有趣。

活动一：认识蜗牛（认知）

活动目标

1. 初步了解蜗牛的外形特征。

2. 喜欢观察身边的小动物，萌发对大自然的喜爱之情。

7/月

113

活动准备

1. 物质准备：两只白玉蜗牛、蜗牛的图片若干。

2. 经验准备：下雨后带幼儿在户外发现过蜗牛。

活动内容

1. 谈话导入，激发幼儿参与活动的兴趣。

师：小朋友们，下雨天的时候我们在院子里发现了很多蜗牛，你还记得小蜗牛是什么样子的吗？

教师引导幼儿回忆蜗牛的外部特征，并进行小结：小蜗牛有两个长长的触角，它们爬得特别慢。

师：今天老师带来了两只大蜗牛，我们一起看看吧！

2. 教师出示白玉蜗牛，引导幼儿观察并了解蜗牛的外形特征。

师：蜗牛的背上有什么？头上有什么？你还发现了什么？

教师引导幼儿观察蜗牛的外形并用语言进行表达。幼儿充分表达之后，教师进行小结。

师：蜗牛的背上有壳，像小房子。蜗牛的头上有两个长长的触角，一碰就会缩回去。蜗牛是依靠腹足慢慢爬着往前走的。

3. 教师出示关于蜗牛生长环境的图片，增加幼儿对蜗牛的认识。

师：蜗牛喜欢生活在潮湿的地方，它身上有个像小房子一样的壳。每天它就背着它的壳慢慢地爬，边爬边伸出它长长的触角，用触角探路。蜗牛的触角上有一对眼睛，这对眼睛可以帮助它发现危险。一旦发现危险，它就快速地把头缩进壳里。

4. 教师介绍白玉蜗牛的饲养环境，激发幼儿照顾、爱护小蜗牛的情感。

师：白玉蜗牛的家在（透明）玻璃缸里，里面有它喜欢吃的蔬菜、树叶。它的家还有（带气孔的）盖子。小朋友们知道为什么要盖上盖子吗？

师：今天我们认识了两个新朋友，它们叫白玉蜗牛，老师会把它们放在自然角里，我们一起照顾它们吧。

活动延伸

1. 引导幼儿说儿歌《小蜗牛》：小蜗牛，爱旅游，走起路来慢悠悠，身后背个小房子，刮风下雨不用愁。

2. 白玉蜗牛是比较适合饲养的小动物。教师可以创设自然角饲养蜗牛，同时提供放大镜供幼儿观察蜗牛，通过观察、喂养等方式，引导幼儿在饲养蜗牛的过程中进一步了解蜗牛的生活习性，如蜗牛喜欢吃什么、蜗牛是怎样爬的，鼓励幼儿用语言描述自己的观察和发现。

（安妮）

7
月

活动二：蜗牛一家（美术）

活动目标

1. 尝试掌握搓和卷的技能，用彩泥制作蜗牛。

2. 感受泥工活动的乐趣。

活动准备

1. 物质准备：彩泥、彩泥蜗牛、装有小土坡和小树等场景的纸盒、火柴。

2. 经验准备：前期已观察过蜗牛，并了解蜗牛的外形特征；有玩彩泥的经验。

活动内容

1. 教师出示制作好的蜗牛场景，创设情境激发幼儿参与活动的兴趣。

师：小朋友们，大家好！我是蜗牛宝宝，这是我的妈妈。

教师引导班里的幼儿和蜗牛宝宝打招呼。

师：谢谢小朋友们。我发现，××班的小朋友可真多呀！可是我的家里只有我和妈妈，好孤单呀！我也想和小朋友们一样，找到很多的小伙伴。你们能帮助我吗？

教师利用情境，激发幼儿制作蜗牛宝宝的兴趣。

2. 教师出示彩泥蜗牛，讲解制作步骤。

师：怎样用彩泥制作小蜗牛呢？

(1)制作蜗牛壳。

师：取一块彩泥，放在手里搓一搓变成一个长长的条，然后从里到外卷一卷，蜗牛的壳就做好了。

(2)制作身体。

师：再取一块彩泥做蜗牛的身体，使用同样的方法搓一个长条，但是要比刚才的短一点，而且一头粗，一头细，粗的是蜗牛的脑袋，细的是蜗牛的尾巴。搓好之后拐个弯，把蜗牛的小房子安在它的身体上。

(3)制作触角和眼睛。

师：最后用火柴把蜗牛的触角和眼睛做出来就好啦。

3. 幼儿操作，教师分别进行指导。

师：你学会了吗？我们一起给这个蜗牛宝宝制作一些朋友吧！

对于能力弱的幼儿，教师应给予支持和帮助。重点提示幼儿搓和卷的方法，以及安装的稳定性。

4. 幼儿向同伴分享自己的作品。教师可以把幼儿的作品放在之前的场景中进行展示，结束活动。

活动延伸

教师可以在美工区提供相应的材料，请幼儿在区域活动时自主选择材料进行制作，可以将制作的步骤图放在便于幼儿观察的地方，支持幼儿的学习和操作。

（安妮）

7
/月

活动三：蜗牛爬(体育)

活动目标

1. 巩固用手膝着地爬。

2. 喜欢参与体育游戏。

活动准备

1. 物质准备：爬行垫、长绳子、每人一个小书包、塑料筐、玩具蔬菜与水果等。

2. 经验准备：前期已经观察过蜗牛爬行，对蜗牛爬行感兴趣。

活动内容

1. 热身活动：动物模仿操。组织幼儿在场地上围成一个圆圈，做模仿小动物的游戏来活动身体各关节。

2. 教师扮演蜗牛妈妈，引导幼儿背着小书包在垫子上爬行。

师：今天天气真好呀，小蜗牛们背上你们的"小房子"出来晒晒太阳吧！

教师协助幼儿背上小书包，示范并引导幼儿在垫子上爬行。

师：这里有一条弯弯的路，我们一起沿着路爬一爬吧！

教师用长绳在垫子上摆出一条弯曲的路，带领幼儿沿着绳爬。

3. 教师出示食物，激发幼儿参与游戏的兴趣。

师：小蜗牛现在要跟着妈妈出去找食物了，请你爬着去寻找食物，然后用小书包装着食物送到小蜗牛的家(塑料筐)。(教师边示范边说明游戏规则。)

教师组织幼儿分组游戏，协助幼儿装食物，指导幼儿手膝着地爬。

4. 放松与整理。

活动延伸

教师在一定的情境中可以设置不同的路线请幼儿沿着线爬，也可以设置障碍物请幼儿躲避障碍物爬。

(金菁)

活动四：蜗牛走过的路(美术)

活动目标

1. 愿意尝试画出各种各样的线。

2. 体验美术创作的乐趣。

活动准备

1. 物质准备：蜗牛走过的路的图片、每人一张彩色纸、每人一支白色油画棒、教师制作好的小蜗牛若干、胶棒。

2. 经验准备：有观察蜗牛的经验。

活动过程

1. 教师通过谜语引出蜗牛。

7
月

师："没有脚，没有手，背上房子到处走，有谁把它碰一碰，赶紧躲进房里头。"小朋友们知道这是什么小动物吗？

2. 教师通过图片引导幼儿观察蜗牛走过的路。

师：小蜗牛走到哪里就会在哪里做标记，它的身后总会留下一条白色的、长长的路。有的路是弯弯的，有的路是直直的。今天老师准备了很多小蜗牛，请小朋友们来画一画小蜗牛走过的路，画好了就把小蜗牛粘在你的路上吧！

3. 幼儿分组创作，教师具体指导。

(1)请幼儿选择自己喜欢的颜色的纸，并进行创作。

(2)引导幼儿用白色油画棒在彩色纸上画出各种各样的线。

(3)引导幼儿用胶棒将小蜗牛贴在画好的路上。

4. 鼓励幼儿分享自己的作品，教师进行点评。

师：你画的路是什么样的？请你跟大家讲一讲。

5. 引导幼儿收整材料，结束活动。

活动小结

托班幼儿喜欢用笔涂鸦，于是教师创设了"蜗牛走过的路"这样的情境，让涂鸦变得更加有趣生动。教师准备的小蜗牛也会为画面增添了活力。

（金菁）

第二周活动案例

活动一：夏天的雷雨（认知）

活动目标

1. 观察雷雨前后的天气变化。

2. 尝试用简单的语言描述下雨前后天气的变化。

3. 喜爱观察大自然中的天气变化。

活动准备

1. 物质准备：提前了解天气预报，最好在下雨当天进行此活动；准备雨衣、雨鞋。

2. 经验准备：看见过下雨的景象。

活动过程

1. 教师引导幼儿观察雷雨前的天气变化。

师：你们看见了什么？听见了什么？太阳去哪儿了？天空中出现了什么？

教师鼓励幼儿说出自己的想法，引导幼儿用"天黑了、刮风了、打雷了、阴天"等来描述下雨前的景象。

教师关闭室内的部分灯，请幼儿观察和感受雷阵雨来袭前天空的变化。

2. 教师带领幼儿观察下雨的自然景象。

师：轰隆隆的是什么声音？雨从哪儿来？风吹在身上是什么感觉？

伴随着下雨声，教师引导幼儿观察雨落在地上的现象，树有什么变化？玩具有什么变化？请幼儿闭上眼睛听听下雨的声音，让雨水落在小手上，是什么感觉？摸一摸，抓一抓，什么感觉？并简单说出自己的发现。

3. 教师带领幼儿感受雨后的天气。

师：雨停了，我们穿着雨鞋出去玩吧！

教师帮助幼儿穿上雨鞋，带领幼儿在院子里散步，感受雨后空气的清新和凉爽，请幼儿观察雨后植物的变化。

4. 教师与幼儿共同玩踩水的游戏。

师：哇，这儿有一个大水坑，咱们来跳一跳，踩一踩。

活动小结

教师需要调动托班幼儿的多种感官来帮助他们体验和感受自然现象。幼儿大都非常喜欢玩水，教师只需要提前做好准备工作，让家长准备好雨衣、雨鞋和备用衣服，就可以在保障安全的前提下，充分让他们感受雨后踩水的快乐。

（阳小云）

活动二：小豆豆捉迷藏(认知)

活动目标

1. 能够以自身为中心，认识和区分前、后。
2. 尝试正确使用前、后方位词。

活动准备

1. 物质准备：教师自制的"豆豆捉迷藏"的图片、红色即时贴 10 个、黄色即时贴 10 个。
2. 经验准备：有一定的方位概念。

活动过程

1. 教师出示图片，激发幼儿的兴趣。

(1)教师带领幼儿找出小豆豆，并说出它们的位置。

师：今天老师带来了几个小伙伴，我们一起来看看它们都是谁？原来是黄豆豆和红豆豆。它们喜欢跑来跑去，还喜欢玩捉迷藏。我们一起来找一找小豆豆们都藏在了哪里？

师：黄豆豆，黄豆豆，爱游戏，一跳跳到柜子前；红豆豆，红豆豆，爱游戏，一跳跳到椅子后。

(2)幼儿说出小豆豆的位置。

师：红豆豆跳到哪里了？黄豆豆跳到哪里了？

2. 教师引导幼儿在游戏中理解前、后方位。

（1）分配角色，了解游戏的规则。

师：豆仙子施魔法把你们全变成小豆豆了，你们喜欢什么颜色的小豆豆，就选择什么颜色的贴纸粘在身上。

师：小豆豆们请听好指令，"小豆豆，小豆豆，爱游戏，向前走一步，向后退一步；小豆豆，小豆豆，爱游戏，一跳跳到×老师的前面，一跳到×老师的后面"。

（2）增加游戏的难度，请幼儿根据颜色和方位指令进行游戏。

师：游戏看来太简单，难不住小豆豆们呀，我们游戏的难度要升级啦！小豆豆们请听好指令，"黄豆豆，黄豆豆，爱游戏，一跳跳到椅子前面；红豆豆，红豆豆，爱游戏，一跳到书柜后面……"

3. 教师小结，结束活动。

师：小朋友们太厉害了，在玩游戏的时候都能找到前、后正确的位置啦！小豆豆们要回家啦，我们和它们说再见吧！

活动小结

托班幼儿刚刚萌发出对方位的认知，教师需要在生活情境中逐步引导幼儿。例如，在排队时、坐座位时，引导幼儿在真实情境中不断巩固对方位的理解和认识。

（赵玥莹）

🚗 活动三：运西瓜（体育）

活动目标

1. 在游戏情境中尝试双人合作运球。

2. 体验与同伴游戏的快乐。

活动准备

1. 物质准备：西瓜球每人1个、球筐2个、蚂蚁头饰每人1个、食蚁兽头饰1个、滚筒2个。

2. 经验准备：幼儿知道《蚂蚁和西瓜》的故事。

活动过程

1. 教师出示西瓜球，引起幼儿的兴趣。

师：小朋友们还记得《蚂蚁和西瓜》的故事吗？小蚂蚁齐心协力把大西瓜搬回家，开心地享受西瓜大餐。今天我们都变成了小蚂蚁，把"西瓜"运回家好吗？

2. 教师为幼儿戴蚂蚁头饰，请幼儿自由运球。

师：前面的球筐是我们的家，我们要把"西瓜"全都运回家里。请小蚂蚁动动脑筋，怎样能更快地把"西瓜"运到球筐里？

3. 教师带领幼儿尝试双人运球。

师：刚刚小蚂蚁们都拿了一个"西瓜"放进了筐子里，现在我们试一试能不能两个小蚂蚁一起运球？这一次我们还有可能遇到危险，小蚂蚁要把"西瓜"保护好哦。

7/月

教师创设情境，带幼儿进行游戏。

师：小蚂蚁出发啦，抱紧我们的"西瓜"！

（草地上）小蚂蚁们加油！我们要穿过这片草地。

（滚筒隧道）哦！前面有山洞，我们排队弯腰钻过去吧！

（一位老师扮作食蚁兽）终于钻出山洞啦！嘘——小蚂蚁们，我发现前面有一只食蚁兽在睡觉，我们要静悄悄地走过去，不能让它发现我们！

（终点）我们终于到家啦！请小蚂蚁们一个接一个地把"西瓜"放进家里。

4. 教师带幼儿平复情绪，收整场地。

师：小蚂蚁们，你真棒！我们今天搬运了好多的"西瓜"回家，你们开心吗？可是我们家周围还有些乱呢，我们一起整理一下吧！

活动小结

托班幼儿大多处在独自游戏的阶段，因此，教师引导幼儿进行双人配合的游戏，能够引导幼儿初步体验同伴协助，感受与同伴共同游戏的乐趣。教师也可以作为幼儿的同伴共同参与游戏。

（赵玥莹）

活动四：小汽车轮胎画（美术）

活动目标

1. 学习用玩具小汽车的车轮进行滚画。

2. 体验用车轮作画的乐趣。

活动准备

1. 物质准备：各种样式的玩具汽车若干，红、黄、蓝颜料每桌一份，托盘，抹布每桌两块，大张作画纸每桌一张。

2. 经验准备：有过拓印画的经验。

活动过程

1. 教师出示图片，引起幼儿兴趣。

师：小朋友们看一看老师手里拿的是什么？猜一猜这幅画是用什么画的呢？

师：今天我们要用小汽车的车轮来画画，快来看看老师是怎样画的吧！

2. 教师示范作画，介绍操作工具和步骤。

师：先让小汽车的轮子洗个彩色澡，然后出发啦！左开开，右开开（教师拿着小汽车车轮在颜料盘里蘸上颜料，然后放到纸上来回滚。）

师：小朋友们快看，车轮画得漂亮吗？有几条线路呢？开动的过程中注意不要撞到别的小汽车哦。

教师示范2～3次，向不同方向开动小汽车，引导幼儿观察。

3. 教师指导幼儿进行操作。

师：你们想不想也来试试呢？在尝试之前先将你们的袖子撸起来，撸到胳膊肘的位置就可以了。

7/月

在操作过程中，教师鼓励幼儿选择自己喜欢的小汽车，大胆尝试，及时肯定幼儿大胆的色彩表现。建议在一种颜色里面放一辆或者几辆汽车，避免混色。

4. 教师引导幼儿欣赏作品。

师：小朋友们的小汽车都开到哪里了？我们的画像什么？

活动小结

小汽车是幼儿喜欢的玩具之一，他们每天都会拿着它玩来玩去。在本次活动中，教师利用车轮滚动拓印的作画方式，让幼儿在玩的过程中观察色彩和路线的变化，既培养了幼儿的想象力，也激发了幼儿创作的兴趣。大幅的画纸让幼儿的操作更方便，也更能让幼儿直观地看到车轮印下的痕迹，感受车轮花纹的美。

（张凯鸽）

第三周活动案例

活动一：我长大了（社会）

活动目标

1. 愿意主动介绍自己小时候用的物品。

2. 在理解的基础上学说儿歌。

活动准备

1. 物质准备：向家长收集幼儿小时候的衣帽、鞋子，以及幼儿成长过程中的照片。

2. 经验准备：幼儿已经会自己穿衣、穿鞋、吃饭。

活动过程

1. 教师介绍"小时候的物品商店"里的服装，如鞋子、帽子，让幼儿感知自己着装的变化。

师：今天我们大家一起来逛一逛"小时候的物品商店"，来看看这些都是谁小时候的物品？

师：这里有一些从爸爸妈妈那里收集来的你们小时候的衣服，我们一起来看看你们的衣服有哪些变化？我们给衣服排排队吧。

师：看看这双小鞋子，把你们的小脚伸出来比一比，你们发现了什么？

师：原来，小朋友长大了，不仅个子变高了，而且脚变大了，因此衣服变小了。

2. 让幼儿欣赏自己成长变化的照片，感知自己身高的变化。

师：看看小时候的你和现在的你相比有什么变化？

3. 学习儿歌，进一步感知自己长大了。

（1）欣赏儿歌。

师：老师带来了一首儿歌，它把小朋友们的发现都编在了这首儿歌里，名字叫《我

7
月

长大了》，快来听一听吧。

师：帽子小了，衣服小了，鞋子小了，学会了穿衣服，学会了穿鞋子，学会了自己吃饭，我长大了。

(2)学说儿歌。

师：儿歌里面都有哪些东西变小了？小朋友们学会了什么本领？

教师鼓励幼儿学会用完整的话来大胆表述。

活动延伸

1. 教师可以布置一个"小时候的物品商店"，请幼儿将带来的物品放在商店里展示，在一日活动中安排合适的时间请幼儿逛一逛"小时候的物品商店"，也可以请幼儿介绍自己带来的物品，引导幼儿感受长大的变化。

2. 复习儿歌《我长大了》。

（罗婷）

活动二：美丽的泡泡画(美术)

活动目标

1. 尝试用吹泡泡的方法作画。

2. 体验玩颜色的乐趣。

活动准备

1. 物质准备：一定浓度的泡泡液、彩色墨水颜料若干、A4 白纸、毛根（卷成可手持的圆环）、托盘若干、滴管若干、抹布、泡泡画成品。

2. 经验准备：幼儿玩过泡泡。

活动过程

1. 教师用泡泡液吹出泡泡，吸引幼儿注意力。

师：好多漂亮的泡泡呀，你们见过泡泡吗？我们还能用泡泡来画画哦，一起来看看怎样画吧！

2. 出示泡泡画成品，介绍泡泡画的制作方法。

师：首先我们拿出一个湿湿的托盘，用滴管取出自己喜欢的颜色滴在托盘上，拿起一个毛根圈来蘸泡泡液，对着托盘吹出很多泡泡，注意小嘴巴不要碰到泡泡液哦。吹出很多泡泡以后，拿起一张纸，用小手捏住两边轻轻放在泡泡上，最后拿起来晾干就可以啦。

师：接下来我们一起试试吧！

3. 幼儿分组操作，教师巡回指导。

师：捏住滴管胖胖的一头，把细细的一头放进颜料里轻轻松一点，就能吸上来颜料啦，挤出来的时候把滴管对着要挤出来的位置，再捏胖胖的头就可以。

建议幼儿以 5 人为一组，分组体验。选用比 A4 纸稍小的托盘。教师在指导时注意幼儿的安全，让幼儿带好手套，不用手摸脸或用嘴触碰到泡泡液，避免误食，颜料洒

7月

出时指导幼儿用抹布擦拭。

4. 分享幼儿作品，自然结束活动。

师：我们的泡泡画晾干啦！我们做的泡泡画五彩缤纷，可真漂亮呀！大家都用了什么颜色？做泡泡画的时候有没有遇到什么困难呢？剩下的泡泡液我们出去玩的时候一起去吹泡泡吧！

活动延伸

剩余的泡泡液可用来在户外带幼儿玩吹泡泡游戏。

（苗晶）

活动三：小勇士挑战(体育)

活动目标

1. 提高身体动作的协调性和灵活性。

2. 能够勇于挑战，感受战胜困难的快乐。

活动准备

1. 物质准备：地垫若干、平衡木两组、小拱门若干、大拱门两个、小勇士勋章若干、宝箱两个。

2. 经验准备：幼儿已有钻、爬的经验。

活动过程

1. 热身活动。

(1)与幼儿谈话，引出小勇士挑战。

师：小朋友们，今天我们要进行一项挑战，完成挑战的小勇士就能拿到一枚小勇士勋章哦！

(2)在室外选择合适的场地带领幼儿边说儿歌边做动作热身。

2. 游戏活动。

(1)教师带领幼儿熟悉路线。

师：小勇士们，去挑战的路上我们会遇到隧道、小河和山洞，我们先来练一练爬和走独木桥的本领吧！

教师在地上铺地垫，地垫上放置小拱门作为隧道，放置平衡木作为独木桥，请幼儿分组尝试爬过隧道和走过平衡木。

教师提示幼儿一个跟着一个依次通过，注意安全。

(2)教师布置场地，组织幼儿进行挑战。

教师放置两组地垫与矮小的拱门、平衡木、大拱门，作为隧道、小桥和山洞，布置两条路线，在终点处放置宝箱，引导幼儿分两组依次通过。

师：练好了本领我们要正式开始小勇士挑战啦。在挑战的时候，小勇士们一定注意安全，保护好自己，也不要碰到其他小朋友。

教师可以鼓励能力强的幼儿多次挑战。

7/月

（3）放松活动。

师：小朋友们真是长大了，每个人都拿到了小勇士勋章。我们一起来拍拍腿、揉揉腿，一起去喝点水，休息一下吧！

活动延伸

托班下学期，幼儿的动作发展逐渐完善，教师可以创设游戏情境，设计一些综合性的大肌肉挑战活动，按照钻、爬、骑车等活动设计不同的游戏路线，让幼儿在游戏活动中发展多种动作能力。

（苗晶）

活动四：《快快乐乐上小班》(音乐)

活动目标

1. 初步学唱歌曲，能够用自然的声音歌唱。

2. 知道自己即将升入小班，感受成长的快乐。

活动准备

1. 物质准备：音乐《快快乐乐上小班》；刚入园时幼儿哭闹的视频；幼儿现在的视频(内容可以包括幼儿自己吃饭，高高兴兴来园，大声说"老师，早上好""老师，再见"等)。

2. 经验准备：知道自己即将升入小班。

活动过程

1. 播放幼儿在园生活视频，引导幼儿说出自己的变化。

师：我这里有一个时光机，可以看到小朋友从刚入园到现在的样子。我们一起看看都有谁？

教师出示视频，引导幼儿说出刚入园时的表现。

师：刚进入幼儿园时，我们还是离不开爸爸妈妈的小宝宝，来到幼儿园，我们会哭，会赖在老师怀里不下来。

教师播放幼儿现在的视频，请幼儿说出现在学会的本领。

师：看看现在，我们长大了，会自己穿衣服、喝水、吃饭、搬椅子，我们还能和小朋友一起玩玩具。等放完长长的假后我们就是小班的哥哥姐姐了，今天我们一起来学一首歌曲，名字就叫《快快乐乐上小班》。

2. 欣赏歌曲《快快乐乐上小班》。

(1)幼儿听歌曲，感受歌曲的旋律和节奏。

(2)教师范唱，根据歌词内容提问，加深幼儿对歌词的记忆。

师：歌曲里唱了什么？谢谢谁？教我们做什么？怎样上小班？

3. 学唱歌曲《快快乐乐上小班》。

(1)教师带领幼儿学说歌词，感受歌词内容。

教师带领幼儿边拍手边有节奏地读歌词。教师说前半句，幼儿说后半句。

7/月

（2）教师引导幼儿学唱歌曲。

可以采用"教师唱前一句，幼儿唱后一句"，或者"教师唱前半句，幼儿唱后半句"的方式。注意引导幼儿感受歌曲中饱含的情感。

（3）熟悉歌曲以后，边唱边根据歌词做简单的律动。比如：谢谢——双手合掌；再见——摆摆手。

活动延伸

教师可以组织幼儿参观小班，与哥哥姐姐们一起活动、游戏，了解小班和托班的不同，激发升班的愿望。

（阳小云）

7
/月

过渡游戏 15 例

过渡游戏"儿歌《切西瓜》"

切、切、切西瓜，一个西瓜切两半，我一半，××一半，好吃的西瓜分完了。

游戏玩法：教师可以点幼儿的姓名分西瓜，点到的幼儿就可以依次站到一旁。此外，教师还可以更换水果的名字做游戏。

手指游戏"看戏"

大拇哥（伸出拇指），二拇弟（伸出食指），

中指头（伸出中指），四兄弟（伸出无名指），

小妞妞（伸出小拇指），来看戏（拍手），

看的什么戏？看的《西游记》！

建议：可以将《西游记》替换成幼儿熟悉的动画片。

手指游戏"大树底下有个洞"

大树下面有个洞（左手伸出中指、无名指、小指，另外两根手指弯曲成圆作为洞），

住着可爱小虫虫（右手四指并拢模仿虫子蠕动），

大虫出洞探探头（大拇指伸进洞后向上抬一下），

二虫出洞弯弯腰（食指伸进去后弯曲一下），

三虫出洞扭一扭（中指伸进去后跳个舞转一转），

四虫慢慢爬出洞（无名指慢慢伸进洞里），

小虫小虫胆子小（小指在洞口探一探），

就是不敢爬出洞（伸出小指在洞口探一探），

小虫小虫别害怕（双手握拳，伸出两个小指，双手左右摆动），

我们一起爬出洞（左手伸平，五指张开变成五个洞，右手张开变成小虫，右手放在左手上面，慢慢地从对应的洞口爬出），

找到一群好朋友（双手手指一一对应碰一碰），

快快乐乐去郊游（双手五指张开，左右摆动）。

手指游戏"爸爸是司机"

大拇指是爸爸，爸爸开汽车，嘀嘀嘀（双手大拇指伸出来，向下按）。

爸爸旁边是妈妈，妈妈洗衣服，唰唰唰（双手食指伸出来，做搓衣服的动作）。

个子最高是哥哥，哥哥打篮球，砰砰砰（双手中指伸出来，向上做投篮动作）。

哥哥旁边是姐姐，姐姐在跳舞，啦啦啦（双手无名指伸出来，做绕圈动作）。

个子最小就是我，我在敲小鼓，咚咚咚（双手小指伸出来，做敲小鼓动作）。

手指游戏"园里的番茄"

园里的番茄圆又大（左手握拳，拳心向外，左右摆动），

躺着睡觉不说话（说前四个字时左手握拳，拳心向外不动，说后三个字时右手左右摇）。

来了一只大狼狗（左手握拳，拳心向外，右手模仿狼狗的嘴巴，对着左手开合），

对着番茄咬一口（左手握拳，拳心向外，右手开合做咬的动作，有节奏地向左手方向靠近并且咬住"番茄"）。

爸爸见了很生气（双手叉腰，表示生气的样子），

快把狼狗赶出去（两手做握棒的动作，向右方做赶狼狗的动作）。

建议：在幼儿熟悉之后，可以将番茄换成其他的蔬菜或水果，如西瓜等。

手指游戏"小手会变化"

我的小手会变化，变成小鸡来吃米（食指和大拇指做小鸡状）。

一粒米，叽叽叽，二粒米，叽叽叽（用食指和大拇指在地板上夹芸豆）。

三粒米，叽叽叽，四粒米，叽叽叽。

五粒米，叽叽叽，小鸡吃饱了（五粒豆子都在手里），

变成大母鸡，母鸡会下蛋。

一个蛋，咯咯哒，两个蛋，咯咯哒（从手心里漏出一粒豆子，依次类推）。

三个蛋，咯咯哒，四个蛋，咯咯哒。

五个蛋，咯咯哒，母鸡母鸡真能干，下了许许多多蛋（双手捧着所有的豆子）！

手指游戏"包饺子"

小手摊开，咱们来包饺子吧（伸出左手手掌）。

切切菜（左手伸平做砧板，用右手切菜），

擀擀皮（右手在左手上做擀皮状），

和了和了馅（右手手指立起来在左手手掌上做和馅的动作），

捣捣蒜（右手握拳在左手上做捣蒜的动作），

捏捏捏，一个饺子包好了（右手在左手上做捏饺子的动作，最后用左手包起来）。

香喷喷的饺子给谁吃（用右手盖住左手，问小朋友给谁吃？然后把饺子递到小朋友嘴边）？

手指游戏"种豆"

我种了一粒豆（双手十指交叉握拳），

发了一个芽（两个大拇指展开模仿发芽）。

顺着黄瓜架，慢慢往上爬。

爬呀爬呀爬（双手做阶梯状交替向上），

几天没浇水，蔫了（教师弯腰低头，请幼儿模仿）。

快给小苗浇浇水吧（教师假装拿水壶给幼儿浇水，被"浇"过的幼儿就可以直起腰了）！

手指游戏：小花园

在小小的花园里，挖呀挖呀挖（伸出两个食指，弯曲食指模仿挖土）。

种小小的种子发小小的芽（两个食指向下，再向上）。

在大一点的花园里，挖呀挖呀挖（伸出食指和中指，动作同上）。

种大一点的种子发大一点的芽。

在更大的花园里，挖呀挖（伸出五指，动作同上）。

种更大的种子发更大的芽。

开出了一朵大大的花（双手在脸颊旁做花朵状）。

儿歌《量词歌》

一头牛，两匹马，三条金鱼，四只鸭，

五本书，六支笔，七棵果树，八朵花，

九架飞机，十辆车，大家千万别说错。

儿歌《我爱花我不摘》

花园里，花儿开，红花黄花真可爱。

我爱花，我不摘，妈妈夸我好乖乖。

儿歌《夏天到》

知了知了叫，夏天夏天到。

小树撑绿伞，我戴凉草帽。

青蛙呱呱呱，小鸟喳喳叫。

太阳老公公，对我眯眯笑。

音乐律动《如果开心你就跟我拍拍手》

如果开心你就拍拍手，如果开心你就跟我拍拍手（拍手），

如果感到开心你就跟我拍拍手，如果开心你就跟我拍拍手。

如果开心你就跺跺脚，如果开心你就跟我跺跺脚（跺脚），

如果感到开心你就跟我跺跺脚，如果开心你就跟我跺跺脚。

如果开心你就跟我大声喊："真棒（双手举大拇指）！"

如果感到开心你就跟我大声喊，如果开心你就跟我大声喊"真棒"。

如果开心你就跟我一起做（拍手、跺脚、喊"真棒"）。

如果感到开心你就跟我一起做，如果开心你就跟我一起做（拍手、跺脚、喊"真棒"）。

建议：教师可以先带着幼儿一起做，待幼儿熟悉之后，请幼儿根据教师唱的内容做出相应的动作。

音乐律动"唱儿歌《毛毛虫》"

毛毛虫爬呀爬，爬过草地爬过枝丫，饿了吃树叶，累了睡一觉。

呼呼呼，呼呼呼，睡了几天有了变化，毛毛虫变成美丽的蝴蝶了。

音乐律动"唱儿歌《头发肩膀膝盖脚》"

头发肩膀膝盖脚，膝盖脚，膝盖脚，

头发肩膀膝盖脚，眼睛耳朵鼻子嘴。

建议：根据音乐做动作，引导幼儿认识自己的身体。

体育游戏 30 例

好玩的小风车

活动目标

1. 能够向指定的地方跑，练习跑的动作。

2. 喜欢和同伴一起游戏，感受运动的快乐。

活动准备

小风车人手一个、开阔的场地。

活动玩法

每个幼儿拿一个小风车，站在地上的格子里。当教师说"小风车真好玩，我一跑，它就转，转到……（指定地方）"时，幼儿根据教师的口令，拿着小风车跑到指定位置，然后再跑到教师身边，游戏继续。

注意事项

注意提醒幼儿在跑的过程中将小风车举高，避免碰撞。

皮球跳跳跳

活动目标

1. 掌握双脚原地向上连续跳的动作技能。

2. 能根据指令做出动作。

活动准备

开阔的场地。

活动玩法

幼儿和教师拉手围成圆圈，面向圈内边说儿歌边做动作。

我是一个大皮球（双手环空抱在胸前，双脚分开），

会跑步（做原地跑步时的摆臂和碎步动作），会跳高（原地双脚跳）。

拍得轻，跳得低（轻轻跳）。

拍得重，跳得高（使劲向上跳）。

拍得慢，跳得慢；拍得快，跳得快。

大风一吹四处跑（幼儿四处散开，停到指定位置）！

快快追上球宝宝

活动目标

1. 练习手膝着地爬。

2. 体验追到球宝宝的成就感。

活动准备

宽阔的场地，地面上有大的软垫。

活动玩法

幼儿人手一球，在地面上任意滚自己的球宝宝，迅速爬并追到球，再重新开始滚球和追球。将幼儿集中到起点处，一起用力滚出球宝宝，迅速手膝着地追球，再继续滚球和追球，一直到达终点处。

<h2 style="text-align:center;color:orange">小鸡小鸭钻出来</h2>

活动目标

1. 能钻过一定高度的障碍物，发展钻的能力。

2. 喜欢参加体育游戏，感受体育游戏的快乐。

活动准备

音乐《小鸡》、音响 1 个、粉笔 1 根、钻圈 6 个。

活动玩法

教师扮鸡妈妈，幼儿扮小鸡。用粉笔画出一个圆圈作为小鸡的家，在家门口摆放 6 个门。小鸡待在家里，听到妈妈喊"小鸡出来了"，就马上钻出自己的家，找到鸡妈妈并伴随音乐做游戏。从家里钻出来的时候，注意不要碰到头。当鸡妈妈说"小鸡休息了"的时候，小鸡要钻回家。教师请幼儿回到家中蹲下准备，听到指令后再从家里钻出来。

<h2 style="text-align:center;color:orange">木头人</h2>

活动目标

1. 锻炼反应能力和耐力。

2. 感受与同伴共同游戏的快乐。

活动准备

大灰狼头饰 1 个、小灰狼头饰若干。

活动玩法

一位教师带着小朋友们一边拍手走动一边念儿歌："我们都是木头人，一不许说话，二不许动，三不许露出大白牙。"当念到"三不许露出大白牙"时所有人静止不动。另一位教师扮演大灰狼，在小朋友们念儿歌时蹲下来假装睡觉，在小朋友们原地不动时醒来，找出不遵守游戏规则的小朋友。被抓住的小朋友就要戴上小灰狼头饰，与大灰狼一起寻找没有遵守游戏规则的小朋友。当大灰狼蹲下睡觉时，其他人可以活动，继续下一轮的游戏。

<h2 style="text-align:center;color:orange">踩影子</h2>

活动目标

1. 练习在一定范围内四散跑，发展躲闪能力。

2. 知道物体在阳光下会产生影子。

活动准备

有阳光的开阔场地。

活动玩法

教师边念儿歌边带领幼儿拉手走圈圈。"走走走，走走走，我们小手拉小手。拉拉手，拉拉手，拉成一个大太阳。"拉成圈之后，教师发出指令请幼儿踩影子。（可以踩大树影子，踩玩具车的影子……）

活动延伸

请幼儿在地面上找找自己的影子，想办法踩一踩；接着每两人为一组，互踩对方的影子（想办法保护自己的影子不被踩，去踩对方的影子）；最后自由踩影子。

好玩的气球

活动目标

1. 探索气球的玩法并尝试与同伴互动玩气球。

2. 乐于参与体育游戏，体验游戏的乐趣。

活动准备

每人一个气球。

活动玩法

1. 教师给每个幼儿发一个气球，让幼儿自主探究气球的玩法。

2. 教师观察幼儿的不同玩法，并将好的玩法展示出来，如颠气球、踢气球、抱着气球走一走。请幼儿一起尝试这些玩气球的方法。

3. 让幼儿两两分组面对面拍气球进行传递。

活动延伸

教师带领幼儿用踩气球的方式"放鞭炮"，自然快乐地结束游戏。

能干的小刺猬

活动目标

1. 比较顺利地完成弯腰、下蹲、站立的动作。

2. 手眼协调地抓取物品。

活动准备

宽阔的场地、若干软沙包（代替果子）、装沙包的盒子。

活动玩法

在场地上四散摆放软沙包，教师当刺猬妈妈，幼儿当小刺猬。教师说："果子太多了，小刺猬们一起帮妈妈捡果子储备食物吧。"幼儿将地上的沙包捡起来，可以一个接一个地送，也可以多捡几个，根据自己的能力，将捡到的沙包送回家（装沙包的盒子）。

活动建议

沙包分散摆放，避免幼儿在捡沙包时碰撞受伤。

变来变去的小池塘

活动目标

1. 学习双脚跳的动作，增强腿部肌肉力量。

2. 体验体育游戏活动带来的乐趣。

活动准备

带有圆点标记的大圆形场地。

活动玩法

教师在地面贴上圆点标记，请幼儿每人站在一个圆点上围成一圈。教师说指令："小池塘变小啦!"幼儿用双脚跳的方法跳进池塘(圆圈)里。教师说指令："小池塘变大啦!"幼儿用同样的方法跳回到自己的小圆点上。

注意事项

教师注意提醒幼儿双脚同时离地跳。

独木桥

活动目标

1. 在15～20厘米宽的平行线间行走，保持身体平衡。

2. 体验走完平衡木的成就感。

活动准备

宽阔的场地，15～20厘米宽的低平衡木。

活动玩法

创设小熊过桥的情境，引导幼儿逐一尝试勇敢地走过独木桥。教师在旁边保护和鼓励，提示幼儿可以双手向左、右平举协助保持平衡，肯定幼儿走过独木桥的勇敢，鼓励幼儿通过练习走得更加平稳。

活动建议

此游戏适宜在较暖和的天气进行，幼儿衣着轻便。

网鱼

活动目标

学会闪躲，提升身体的灵活性。

活动玩法

两位教师拉手当渔网，另外一名教师和幼儿当小鱼。游戏开始时，幼儿和教师一起念儿歌："小鱼小鱼水里游，游来游去点点头，渔网来了捕小鱼，小鱼小鱼快快游。"教师带领扮小鱼的幼儿做小鱼动作游来游去，当念到"快快游"时，做小鱼的幼儿快速钻出教师做的渔网。游戏可反复进行。

袋鼠妈妈

活动目标

1. 会双脚向前跳，锻炼下肢力量。

2. 喜欢参与跳跃活动。

活动准备

不同颜色的大布口袋若干。

活动玩法

幼儿每人一个布袋。教师协助幼儿钻进布袋，请幼儿双手抓住布袋边缘，模仿袋鼠向上跳。

活动建议

组织幼儿分散在开阔场地中尝试游戏，避免发生碰撞危险。对于能力强的幼儿可以增加难度向指定位置跳，如跳地上的格子等。能力弱的幼儿需要教师协助指导，先尝试原地跳。

蚂蚁搬豆

活动目标

1. 发展四肢协调能力，提高动作的协调性。

2. 乐意和同伴合作，体会合作的乐趣。

活动准备

报纸若干、蚂蚁头饰、空的场地。

活动玩法

两只小蚂蚁（由幼儿戴头饰扮演）一起用手搬豆子（报纸做的大球）。两人团结协作，一起努力，可以用推或滚的方式，将豆子搬回家。

注意事项

报纸球尽量大，便于幼儿合作。

小猫钓鱼

活动目标

能双脚原地自然地向上纵跳，增强腿部肌肉力量。

活动准备

小猫头饰一个、小鱼头饰若干、鱼竿、绳子、铃铛。

活动玩法

教师扮演小猫，手持鱼竿做钓鱼的动作。幼儿扮演小鱼，围成一圈随鱼竿做上下跳动的动作。鱼竿的铃铛在谁的头上，就表示谁被钓上来了，要随着鱼竿往上跳，并用手去触摸铃铛。

活动建议

根据幼儿的能力差异，教师拎竿的高度可随机调整；可以在绳子底部更换除铃铛外的其他材料。

水果、蔬菜宝宝送回家

活动目标

1. 练习双脚跳和手脚着地爬的动作。

2. 喜欢模仿动物的动作，愿意参与集体游戏。

活动准备

幼儿常见的水果、蔬菜模具，小鼓 1 个，篮子 2 个，小兔和小猫的头饰若干。

活动玩法

幼儿分为小兔和小猫两组，教师扮演农民伯伯。农民伯伯的小鼓一响，幼儿就模仿相应动物的动作(小兔跳、小猫爬)，去帮农民伯伯分拣水果和蔬菜。将捡到的水果放到装水果的篮子里，将蔬菜放到装蔬菜的篮子里。教师要提示幼儿只有模仿相应动物的动作才能出发。

注意事项

在游戏过程中注意幼儿间不要相互推挤，注意安全。

小青蛙捉害虫

活动目标

1. 练习双脚连续跳。

2. 体验游戏的快乐。

活动准备

荷叶垫、小青蛙头饰、带有圈的空场地、自制昆虫若干。

活动玩法

教师扮演青蛙妈妈，带小青蛙去捉害虫，出发前先练练本领(双腿屈膝向前跳)。教师创设情境：在农民伯伯的农田里(圆形圈)，小庄稼快被害虫吃光了。小青蛙们，我们一起跳过荷叶(以圈为圆心依次向外排若干列，每列有 3～5 个荷叶垫)，到农田里帮助农民伯伯捉害虫吧！

活动建议

荷叶的间距不要超过 20 厘米。

跳圈游戏

活动目标

1. 能听指令双脚并拢跳进或跳出圈。

2. 通过游戏，体验运动的快乐。

活动准备

圆圈若干、大灰狼头饰。

活动玩法

玩法 1：下雨还是天晴

幼儿四散站在场地周围，每人拿一个圆圈放在自己的面前。教师带领幼儿练习双脚并拢跳进和跳出圈。教师发出指令"下雨了"，幼儿跳进圈（家）；教师发出指令"天晴了"，幼儿跳出圈（家）。

玩法 2：小兔子和大灰狼

教师扮演大灰狼，幼儿扮演小兔子。幼儿刚开始在圈里，游戏开始时，小兔子从圈里出来自由活动。教师说"狼来了"，幼儿要快速跑回圈内。

活动建议

圈与圈之间的距离要适宜，不要太近，避免发生碰撞。

蹲地鸡

活动目标

1. 练习向下蹲的动作。

2. 喜欢参加体育游戏。

活动玩法

教师先扮演老鹰，幼儿扮演小鸡。游戏开始时，小鸡全部蹲下，老鹰不能抓蹲下的小鸡；但当小鸡站起来跑时，老鹰就可以抓；快被追到的小鸡赶紧蹲下，就平安了。游戏中小鸡可以蹲着移动自己的位置。待幼儿熟悉玩法后，可邀请幼儿扮演老鹰。

注意事项

在活动中关注幼儿的运动量与幼儿的安全；注意奔跑速度；游戏前做好热身运动。

喂小动物

活动目标

1. 熟练完成弯腰、下蹲再站立的动作。

2. 手眼协调地抓取物品。

活动准备

有小动物形象的盒子、食物卡片。

活动玩法

教师带领幼儿模仿四种小动物的动作，模仿完后引导幼儿说出这些小动物爱吃什么。教师将有小动物形象的盒子分别摆在场地的一侧。场地中间四散摆放食物卡片，请幼儿将捡到的食物卡片送给相应的小动物吃，直至卡片都送完为止。

活动建议

卡片分散摆放，避免幼儿在捡卡片时碰撞受伤。

小熊运西瓜

活动目标

1. 学习双手捧西瓜球平稳地行走。

2. 体验运球游戏带来的乐趣。

活动准备

西瓜球（不要太大）、筐、小熊图片、宽敞的场地。

活动玩法

教师创设情境，请幼儿分组沿着路线抱球走。

"地上有好多的西瓜呀，农民伯伯今天要请小熊宝宝来帮忙把西瓜运回去。现在看老师是怎样把西瓜运过去放在筐里的：两只手捧着西瓜，眼睛看着前面。现在小熊宝宝也来运西瓜吧！在运西瓜的过程中双手一定要捧好西瓜，先走到熊妈妈那里把西瓜放在筐里，再走回去继续运西瓜。"

活动建议

1. 西瓜球不要太大，以免影响幼儿看路。

2. 如果中途西瓜掉了，可以捡起来继续往前走。

小鸭抓鱼

活动目标

练习走斜坡，发展平衡能力。

活动准备

感统斜坡教具、音乐、自制小鱼玩具。

活动玩法

教师扮演鸭妈妈带着鸭宝宝散步，创设情境："走了这么长时间，妈妈的肚子有点饿了，妈妈知道在山坡上有个池塘，里面有非常美味的小鱼。想请我吃小鱼的宝宝们，帮妈妈抓点小鱼回来吧。"教师引导幼儿扮演鸭宝宝走上斜坡，然后下来到池塘里"抓"鱼。

活动建议

鼓励幼儿自己走上斜坡，一次抓一条鱼后返回家。

红灯绿灯小白灯

活动目标

1. 学习听指令做相应的动作。

2. 能遵守游戏规则，感受和同伴一起游戏的乐趣。

活动玩法

教师扮演开灯者，与幼儿保持一定距离，站在幼儿的前方。幼儿扮演行人，站在教师身后的起点线上。教师大声念"红灯绿灯小白灯"时，行人可以往前行走。教师说完"红灯绿灯小白灯"后转头看行人，行人要模仿教师的动作并保持静止不动，待教师转身再次说儿歌时行人才能继续前进。直到有行人拍到开灯者后，开灯者去抓行人，抓到的行人与教师一起扮演开灯者再次游戏。

老狼老狼几点了

活动目标

1. 能够听信号跑。
2. 锻炼反应能力。

活动玩法

幼儿在一固定区域（家）内站成一横排，教师当"老狼"站在幼儿前面。游戏开始时教师和幼儿一起往前走。幼儿问："老狼老狼几点了?"教师回答说："1 点了。"然后幼儿又问："老狼老狼几点了?"老狼回答说："2 点了。"直到教师回答"12 点了"时，幼儿转身往回跑，教师转身追捕，幼儿回"家"后则不能再追捕。

注意事项

提示幼儿在跑步时注意避免碰撞，开始游戏时由配班教师带幼儿一起熟悉规则。

小兔蹦蹦跳

活动目标

1. 练习双脚连续跳。
2. 体验集体游戏的快乐。

活动准备

矮型障碍物、自制萝卜、兔子胸饰。

活动玩法

引导幼儿戴好兔子胸饰后，教师说："今天天气真好，一起出去玩儿吧，远处有我们最喜欢的萝卜，我们一起摘回来吃吧。"教师带领"兔子"跳过矮型障碍物，来到"萝卜地"里拔萝卜，然后再返回家。游戏可反复进行。

活动建议

萝卜可以多一些。教师提醒幼儿在跳的过程中注意一定要双脚一起跳。

螃蟹宝宝搬西瓜

活动目标

1. 练习侧走，锻炼身体平衡性。
2. 探索使用身体各个部位夹球的方法，体验户外活动的乐趣。

活动准备

西瓜球、螃蟹头饰每人 1 个。

活动玩法

教师扮演螃蟹妈妈，幼儿扮演螃蟹宝宝。教师引导幼儿双手平举，先侧身慢走，再逐渐快行。教师出示西瓜球，请幼儿自由探索使用不同的方法运西瓜球，邀请个别幼儿示范，集体练习侧身走运西瓜球。

活动延伸

可以请能力强的幼儿，两人一组尝试合作运西瓜球。

投喂小动物

活动目标

1. 练习肩上投掷。

2. 提升上肢力量。

活动准备

自制小鸟、小熊、小猴的形象(嘴巴部分留出大的镂空)，沙包若干。

活动玩法

教师将小鸟、小熊、小猴的形象放置在固定位置，用胶带贴出起点线，鼓励幼儿在一定的距离将沙包向上向前投进动物嘴中，给小动物喂食物。

铃儿响叮当

活动目标

1. 练习双手由下至上抛球。

2. 锻炼上肢力量。

活动准备

三根系好铃铛的长绳、西瓜球。

活动玩法

在半空悬挂三根处于不同高度、系有铃铛的绳子。幼儿抱球站在自己喜欢的铃铛下方，用球去击打铃铛发出响声，幼儿反复尝试击打不同高度的铃铛。

活动建议

幼儿不要站在铃铛的正下方。在活动场地分散悬挂铃铛，注意根据幼儿的身高调整高度。

火车钻山洞

活动目标

1. 能比较灵活地正面钻。

2. 喜欢与教师、同伴共同游戏。

活动准备

可以爬行的垫子。

活动玩法

幼儿扮演火车钻山洞，两位教师配合搭成不同的山洞，请幼儿通过。教师可以拉起双手请幼儿钻过去（手的位置从高到低控制难度）；也可以跪在垫子上拉手，请幼儿爬过。

小鸭去洗澡

活动目标

1. 能从一定的高度跳下。

2. 注意跳下时双脚同时离地，双腿屈膝。

活动准备

低矮的台阶。

活动玩法

教师创设情境，带领幼儿学小鸭子活动身体，然后带幼儿到低矮的台阶上，说儿歌并练习往下跳。"鸭宝宝们，天气真热啊，我们快跳到河里洗洗澡吧！小鸭子，爱洗澡，扑通扑通往下跳。"

活动建议

准备不同高度的台阶供幼儿选择，对于能力弱的幼儿，教师可以先拉着他们的手往下跳，逐步过渡。

赶皮球

活动目标

1. 尝试利用小棍赶球走。

2. 锻炼手眼及身体的协调性。

活动准备

皮球、塑料棍每人一组，纸箱若干。

活动玩法

教师将皮球散落在空旷场地内，创设情境："小皮球好调皮，滚得到处都是。小朋友们快来给老师帮帮忙，看谁能用小棍把它们赶回家。"教师引导幼儿用小棍赶着皮球前进，把皮球分别赶进放置在空地四周的纸箱中。

注意事项

塑料棍的长度要适宜。教师要引导幼儿分散赶球，避免碰撞。